sehr fein

sehr fein

a cook book

Die Originalausgabe erschien 1999 in Groß-
britannien
unter dem Titel „Cooking to impress"
bei Hamlyn/Octopus Publishing Group Limited
2-4 Heron Quays, Docklands, London E14 4JB

Deutschsprachige Ausgabe

Printed in China

Übersetzung aus dem Englischen: Verlagsbüro München – Brigitte Franke-Paltz
Projektleitung: Klaus Füreder
Redaktion und Satz: Verlagsbüro München
Produktion: Renate Hutt
Umschlaggestaltung: Heinz Kraxenberger
ISBN: 3-7742-1485-9

Hinweise

1 In allen Rezepten werden Standardmaßeinheiten verwendet.

1 Eßlöffel = 15 ml
1 Teelöffel = 5 ml

2 Sofern nicht anders angegeben, sind Eier mittlerer Größe zu verwenden. Eier sollten nie roh gegessen werden. Besonders gefährdeten Personen, wie schwangeren Frauen, stillenden Müttern, behinderten und alten Menschen, Babys und kleinen Kindern, wird vom Verzehr roher oder nur leicht gekochter Eierspeisen dringend abgeraten. Generell sollten solche Gerichte unmittelbar nach der Zubereitung verzehrt werden.

3 Wenn nichts anderes angegeben ist, sollten Sie die Gerichte generell mit Vollmilch (3,5% Fettgehalt) zubereiten.

4 Geflügel sollte durchgebraten oder -gekocht werden. Um dies zu testen, stechen Sie es an der dicksten Stelle mit einem Spießchen oder einer Gabel an. Der austretende Saft soll klar sein, niemals rosa oder rot.

5 Verwenden Sie, sofern nicht anders angegeben, frische Kräuter. Falls diese nicht erhältlich sind, können sie durch die halbe Menge getrockneter Kräuter ersetzt werden.

6 Wo nichts anderes vermerkt ist, würzen Sie mit frisch gemahlenem schwarzen Pfeffer. Die Menge richtet sich nach Ihrem Geschmack.

7 Der Backofen sollte auf die im jeweiligen Rezept vorgeschriebene Temperatur vorgeheizt werden. Bei Gas- und Heißluftherden beachten Sie bitte bei der Einstellung der Temperatur und der Back- bzw. Bratzeit die davon eventuell abweichenden Angaben des Herstellers.

8 Anstelle eines Woks können Sie auch eine große beschichtete Pfanne verwenden.

9 Einmal aufgetaute Gerichte sollten Sie nicht wieder einfrieren.

10 Einzelne Gerichte in diesem Buch enthalten Nüsse und aus Nüssen gewonnene Lebensmittel. Personen, die auf Nüsse und nußhaltige Lebensmittel allergisch reagieren, und solchen, die durch allergische Reaktionen besonders gefährdet sind, wie schwangeren Frauen und stillenden Müttern, behinderten und alten Menschen, Babys und kleinen Kindern, wird empfohlen, auf Gerichte mit Nüssen und Nußölen zu verzichten. Der Vorsicht halber sollten auch die Zutatenangaben abgepackter Lebensmittel auf nußhaltige Inhaltsstoffe überprüft werden.

11 Wenn Sie Vegetarier sind, achten Sie bitte darauf, ob sich bestimmte Käsesorten für die vegetarische Ernährung eignen. Im Handel sind diverse Sorten mit vegetarischem Lab erhältlich, wie zum Beispiel Parmesankäse, Feta, Cheddar, Cheshire, roter Leicester, Dolcelatte und viele Ziegenkäse.

12 Bei Nudeln handelt es sich immer um abgepackte getrocknete Nudeln, soweit nicht anders angegeben.

inhalt

einleitung 6

suppen & vorspeisen 10

Servieren Sie als Auftakt Ihres Menüs eine leichte Vorspeise, die auf die kommenden Genüsse einstimmt: Ob Parmaschinken mit Avocado oder eine Krebs-Zitronen-Suppe mit Spargel – Ihre Gäste werden begeistert nach mehr verlangen ...

fisch & meeresfrüchte 28

Hier finden Sie eine köstliche Auswahl an erlesenen Fischrezepten, mit denen Sie Ihre Gäste beeindrucken und verwöhnen können.

vegetarisches 46

Diese fleischlosen Rezepte für Genießer werden jeden zufriedenstellen. Sie eignen sich genauso als Zwischengericht in einem größeren Menü, wie als Hauptgang in einem vegetarischen Festessen.

fleisch & geflügel 60

In diesem Kapitel begegnen Ihnen klassische und moderne Gerichte aus aller Welt. Von der Ente mit Orangen bis zum indischen Hähnchen Tandoori reicht die Auswahl an raffinierten kulinarischen Vorschlägen.

desserts 82

Runden Sie Ihr Festessen mit verführerischer Süße ab oder erleben Sie die Exotik frischer Früchte. Diese Rezepte bilden den krönenden Abschluß Ihres Menüs.

register 96

einleitung

Einen geliebten Menschen verwöhnen, gute Freunde bewirten, die Erbtante beeindrucken oder einfach den Alltagstrott durch ein besonderes Menü unterbrechen – Anlässe für ein erlesenes Essen gibt es genügend. Es macht Spaß, Gäste (und natürlich auch sich selbst) mit kulinarischen Köstlichkeiten aus der eigenen Küche zu beglücken. Der Aufwand ist gar nicht so groß, wenn Sie rechtzeitig mit der Planung und den Einkäufen beginnen, den einen oder anderen Gang bereits am Vortag zubereiten.

Die Planung des Menüs

Ob Sie ein intimes Liebesmahl zu zweit oder ein großes Festmenü für zehn Personen vorbereiten wollen, der erste Schritt dafür ist immer die Planung. Und damit beginnt die Vorfreude. Ein außergewöhnliches Menü sollte sich wohltuend vom alltäglichen Speiseplan abheben. Also: Wie viele Gäste kommen? Reicht der Platz? Gibt es spezielle Vorlieben der Gäste? Vegetarier? Kinder? Was ist der Anlaß? Geburtstag, Ostern oder einfach mal so? Zum Aufbau eines Menüs: Sie können Ihr Menü natürlich auch aus zehn verschiedenen Gängen zusammenstellen, es sollten aber mindestens drei sein – Vorspeise, Hauptgericht und Dessert. Sie können Ihr Menü auch erweitern und zu Beginn einen erfrischenden, kleinen Salat servieren, erst eine kalte, dann eine warme Vorspeise reichen, eine Suppe oder ein Sorbet einbauen und noch einen Käsegang anbieten. Wenn Sie Ihr Menü komponieren, stimmen Sie die einzelnen Gänge harmonisch aufeinander ab. Legen Sie zuerst den Hauptgang fest, der den Höhepunkt bildet; die Vorspeise sollte darauf einstimmen und das Dessert der Ausklang sein. Normalerweise achtet man auf ausgewogene Farben und abwechslungsreiche Zutaten. Sie können diese alte Regel aber auch ins Gegenteil verkehren: Wie wäre es mit einem grünen Menü aus einem Löwenzahn-Spinat-Salat, einer Kerbelrahmsuppe, pochiertem Kalbsfilet mit Salsa Verde und einem Limonen-Minze-Sorbet (und grünem Cheddar-Käse)? Oder Sie müssen der Tomatenschwemme aus Mutters Gemüsegarten Herr werden und komponieren ein reines Tomatenmenü. Wie auch immer, einige Kontraste und Abwechslungen gehören dazu. Also bitte keine Spargelcremesuppe, Kaninchen in Senf-Sahne-Sauce und dann womöglich noch Panna Cotta.

In diesem Buch finden Sie eine große Auswahl an leckeren internationalen Gerichten, die Sie nach Ihren Vorlieben kombinieren oder als Anregung für Ihre Kreativität verwenden können. Als Vorspeise vielleicht Parmaschinken mit Avocado und dann eine Krebs-Zitronen-Suppe mit Spargel? Köstliche Fischrezepte wie Forelle mit Mandeln oder Meeresfrüchte-Risotto sind hier ebenso zu finden wie die Klassiker Ente mit Orangen, Burgunderbraten oder Indisches Tandoori-Huhn. Würzige Auberginen mit Tomaten oder Gemüse in malaysischer Kokossauce sind nur zwei Beispiele für raffinierte fleischlose Gerichte. Den Abschluß bilden so verführerische Desserts wie Champagner-Sommerbeeren, Ingwerkuchen oder die berühmte französische Tarte Tatin (ein verkehrtherum gebackener Apfelkuchen).

„Wer Freunde empfängt, ohne sich selbst um die Zubereitung des Mahles zu kümmern, verdient nicht Freunde zu besitzen."

Jean Anthèlme Brillant-Savarin, 1825.

Als nächster Punkt in Ihrer Planung folgt die Getränkeauswahl. Gibt es einen Aperitif und wenn ja, welchen? Ein Campari Soda, ein Glas Champagner oder Sekt mit einem Spritzer Holundersaft oder Pfirsichmark kann nie schaden, nur zu starke Drinks wie Dry Martini sollten Sie an das Ende des Menüs verlegen. Bei den Weinen besagen die alten Regeln die Steigerung vom leichten Wein zum kräftigeren, vom einfachen zum edleren und natürlich vom Weißwein zum Rotwein. Es spricht auch nichts dagegen, nur einen Wein zum Menü zu servieren. Es zählt nur Ihr Geschmack (und der Ihrer Gäste). Seien Sie flexibel. Gehen Sie die Weinauswahl genau wie die Planung und Durchführung Ihrer Einladung kreativ und unverkrampft an. Und wenn Sie sich in Sachen Wein unsicher fühlen, fragen Sie Ihren Weinhändler. Zu einigen Gerichten, wie zum Beispiel dem Hähnchen Vindaloo, paßt besser ein kühles Bier oder stilgerecht ein verdünntes Joghurtgetränk. Auf jeden Fall brauchen Sie reichlich Mineralwasser und einige Fruchtsäfte, und ob zum abschließenden Espresso noch ein Digestif serviert wird, liegt ganz bei Ihnen.

Deko und drumherum

Sie können Ihre kulinarischen Einladungen per E-Mail verschicken oder ausgefallene Karten basteln. In jedem Fall gilt: Wenn Sie die Essensgewohnheiten Ihrer Gäste nicht kennen, sollten Sie zum Beispiel kein reines Fischmenü ankündigen und bei einem Überraschungsmenü auf ausgefallenere Köstlichkeiten wie rohe Austern, Kalbshirn und Fohlenfilet verzichten. Wenn Sie auf eine bestimmte Tischordnung Wert legen, können Sie kleine Namensschildchen oder auch Blätter beschriften, handgeschriebene Menükarten erläutern Ihren Gästen die folgenden Genüsse. Das Licht bei Tisch ist nicht ganz unwichtig: Grelles Flutlicht ist ebenso zu vermeiden wie schummriges Kerzenlicht, das die Speisen nur erahnen läßt. Bei der Tischdekoration können Sie Ihrer Phantasie freien Lauf lassen, vorausgesetzt es bleibt noch genügend Platz zum Essen und Ihr Gegenüber ist hinter den Blumenarrangements noch zu erkennen. Legen Sie Wein- oder Efeuranken auf den weiß gedeckten Tisch, verteilen Sie Rosenblätter (vorher im Blumengeschäft bestellen) oder schönes Herbstlaub (ohne Käfer) oder schmücken Sie die Tischfläche mit bunten Bändern, die Sie in Karomustern auslegen. Sehr dekorativ sind hübsche Glasgefäße, mit Wasser gefüllt, in die Sie zum Beispiel schöne Steine oder rote Äpfel legen können.

Los geht's

Neue, komplizierte Gerichte sollten Sie erst testen, bevor Sie Ihren Chef zum Essen einladen. Planen Sie Ihr Menü so, daß Sie nicht bis zur letzten Minute in der Küche herumwirbeln müssen. Bereiten Sie so viel wie möglich vor, kochen Sie Suppen und Saucenfonds schon am Vortag, nutzen Sie Ihren Kühlschrank und Ihre Tiefkühltruhe, um Zeit zu sparen. Schreiben Sie sich eine genaue Einkaufsliste und besorgen Sie nur die Zutaten am Tag des Festmenüs, die absolut frisch sein müssen (Fisch, Weißbrot oder Blattsalate). Arbeiten Sie nach einem genauen Zeitplan, dann geraten Sie nicht in Panik. Aber wie gesagt: Gehen Sie das ganze flexibel und nicht zu steif an – seien Sie kreativ und experimentierfreudig und vergessen Sie vor lauter Timing und Einkaufsliste nie den Genuß.

Andreas Furtmayr

mayonnaise

1 Eigelbe, Essig und Senf in einer Schüssel mit ca. ½ Teelöffel Salz und 1 Prise Pfeffer zu einer glatten Masse verschlagen.

2 Langsam Olivenöl hinzufügen, anfangs tropfenweise. Wenn die Mayonnaise andickt, das Öl gleichmäßig aufgießen. Weiterrühren, bis das gesamte Öl eingearbeitet ist.

3 Die Mayonnaise kann auch im Mixer zubereitet werden: Eigelbe mit Essig, Senf und Gewürzen vermixen, Öl wie oben beschrieben zugeben.

2 Eigelb

1 Eßlöffel Weißweinessig

1 Teelöffel Dijonsenf

Salz und Pfeffer

300 ml Olivenöl

Ergibt ca. 325 ml

Vorbereitungszeit: ca. 15 Minuten

- avocado mit parmaschinken
- wachteleier-törtchen
- pilzragout in blätterteig
- marinierter lachs
- birnen in parmaschinken
- austern in sahnesoße
- gefüllter hummer
- krebs-spargel-suppe mit zitrone
- geräucherte austern im teigmantel
- pastete aus räucherlachs
- garnelen-suppe nach thai-art
- krabben-päckchen
- artischocken mit knoblauch-kräuter-mayonnaise

suppen & vorspeisen

avocado mit parmaschinken

1 reife Avocado

6 Scheiben Parmaschinken (ca. 75 g)

Dressing:

1 Eßlöffel Olivenöl

1 Teelöffel Zitronensaft

1 Knoblauchzehe (gepreßt)

2 Teelöffel gehackte Petersilie

Salz und Pfeffer

2 Portionen
Vorbereitungszeit: ca. 10 Minuten

1 Avocado halbieren, den Stein entfernen und die Schale abziehen. Die Hälften in je 3 Streifen schneiden, jeden mit einer Scheibe Schinken umwickeln und auf einem Servierteller oder als Einzelportionen anrichten.

2 Die Zutaten für das Dressing in einen Schüttelbecher füllen und gut durchmixen. Das Dressing vor dem Servieren über die Avocadostreifen verteilen.

■ Beträufeln Sie die Avocadostreifen mit etwas Zitronensaft, damit sie sich nicht verfärben. Eine Avocado sollte man immer möglichst vorsichtig behandeln, sonst bekommt sie Druckstellen.

wachteleier-törtchen

15 g Butter oder Margarine

3 Scheiben feiner Blätterteig

Füllung:

3 Wachteleier

40 g Frischkäse

1 Eßlöffel geriebener Parmesankäse

Cayennepfeffer

Kerbelzweige, Salatblätter, zum Garnieren

2 Portionen
Vorbereitungszeit: ca. 15 Minuten
Garzeit: ca. 5 Minuten

1 Butter oder Margarine schmelzen und mit einem kleinen Teil davon 2 Törtchenformen mit einem Durchmesser von 7,5 cm auspinseln.

2 Die erste Teigscheibe auf ein Brett legen (die übrigen mit einem feuchten Tuch bedecken, damit sie nicht austrocknen) und mit ein wenig zerlassener Butter oder Margarine bepinseln. Die beiden anderen Scheiben auflegen und jeweils mit Fett bestreichen. 6 runde Formen ausstechen und in die Förmchen drücken. Im vorgeheizten Backofen bei 200 Grad ca. 5 Minuten backen. Abkühlen lassen.

3 Eier in kochendes Wasser geben und 2 Minuten kochen. Leicht abkühlen lassen, aus der Schale lösen und halbieren.

4 Frischkäse mit Parmesankäse vermischen und 1 Prise Cayennepfeffer zugeben. Die Masse mit einem Löffel in die Teigförmchen füllen und die Eihälften aufsetzen. Mit Cayennepfeffer bestreuen und mit Kerbelzweigen und Salatblättern garnieren.

pilzragout in blätterteig

250 g Tiefkühl-Blätterteig (aufgetaut)

5 g Butter oder Margarine

250 g kleine Champignons mit geschlossenen Köpfen (in Scheiben geschnitten)

175 g Austernpilze (in Streifen geschnitten)

150 ml saure Sahne

150 ml Sahne

1 Knoblauchzehe (gepreßt)

Salz und Pfeffer

2 Portionen
Vorbereitungszeit: ca. 20 Minuten
Garzeit: ca. 10–12 Minuten

1 Teigblätter bis auf ca. 5 mm Dicke ausrollen und daraus 3 Kreise mit 12 cm und 3 kleinere mit 7 cm Durchmesser ausstechen. Auf ein mit Backpapier ausgelegtes Blech legen und im vorgeheizten Ofen bei 230 Grad 10–12 Minuten backen, bis sie aufgegangen und goldbraun sind.

2 Butter oder Margarine zerlassen und die Champignons 3 Minuten darin braten. Austernpilze zugeben und ca. 2 Minuten mitbraten, bis sie weich sind. Pilze mit einem Schaumlöffel aus der Pfanne nehmen und die verbleibende Kochflüssigkeit schnell bis auf ca. ½ Eßlöffel einkochen. Pilze, saure Sahne, Sahne, Knoblauch, Salz und Pfeffer in die Pfanne geben und langsam erhitzen, jedoch nicht mehr kochen.

3 Zum Anrichten die Pilzmischung auf die 3 größeren Blätterteigkreise verteilen und die kleineren Teigkreise darauf legen.

■ Sie können für dieses Rezept auch sehr gut Steinpilze, Pfifferlinge oder Shiitake-Pilze verwenden.

marinierter lachs

1 Lachsfilet in hauchdünne Scheiben schneiden. Auf 2 Tellern je eine Lage Lachsscheiben anrichten.

2 Lachs mit Zitronensaft und Olivenöl beträufeln und nach Geschmack mit Salz und Pfeffer würzen. Mindestens 30 Minuten durchziehen lassen.

3 Mit Dill- oder Fenchelzweigen garnieren und mit Brot und Butter servieren.

175 g Lachsfilet

Zitronensaft, Olivenöl, zum Beträufeln

Salz und Pfeffer

Dill- oder Fenchelzweige, zum Garnieren

dunkles Toastbrot und Butter, zum Servieren

2 Portionen

Vorbereitungszeit: ca. 20 Minuten, plus Marinierzeit

birnen in parmaschinken

6 Scheiben Parmaschinken

2 reife Birnen

Salatblätter, gehobelter Parmesankäse, Pfeffer, Olivenöl, zum Servieren

4 Metallspieße

1 Schinkenscheiben längs halbieren. Birnen in 6 Streifen schneiden und die Kerngehäuse entfernen.

2 Um jedes Birnenstück eine Schinkenscheibe wickeln und je 3 Streifen auf einen Spieß stecken.

3 Die Spieße in einem vorgeheizten Grill oder auf einem offenem Grillrost von jeder Seite ca. 2–3 Minuten grillen. Noch heiß auf einem Salatbett anrichten. Parmesankäse hobeln und auf die Spieße geben. Mit Pfeffer bestreuen und einige Tropfen Olivenöl darüber träufeln.

4 Portionen
Vorbereitungszeit: ca. 10 Minuten
Garzeit: 4–6 Minuten

austern in sahnesoße

1 250 ml Austernflüssigkeit abmessen, gegebenenfalls die Menge mit trockenem Weißwein auffüllen. Die tieferen Schalenhälften abbürsten und in jede 1 Auster hineinsetzen. Die Austern in einem mit Backfolie ausgelegten Bräter anrichten und kühl stellen.

2 Butter zerlassen und Lauchzwiebeln mit Knoblauch zugeben. Unter Rühren weich dünsten, ohne daß die Zwiebeln anbräunen. Mehl einrühren und 1 Minute weiter braten, die Austernflüssigkeit mit Weißwein aufgießen. Aufkochen, die Hitze reduzieren und 15 Minuten unter Rühren leicht köcheln lassen. Mit Salz, Pfeffer und 1 Spritzer Tabasco abschmecken.

3 Eigelb mit Sahne verrühren und 2 Eßlöffel der heißen Soße zufügen. Die Mischung zu der restlichen Soße in den Topf geben, unter Rühren andicken, aber nicht aufkochen lassen. Pilze und Krabben unterrühren und über die Austern geben.

4 Parmesankäse mit Paniermehl vermengen und über die Austern streuen. Im vorgeheizten Backofen bei 200 Grad 15–20 Minuten überbacken. Heiß servieren.

12 frische Austern in der Schale (geöffnet)

trockener Weißwein, zum Auffüllen

Sahnesoße:

2 Eßlöffel Butter

2 Lauchzwiebeln (gehackt)

1 Knoblauchzehe (gepreßt)

1 Eßlöffel Mehl

50 ml trockener Weißwein

Salz und weißer Pfeffer

Tabasco

1 Eigelb

50 ml Sahne

25 g Champignons (in feine Scheiben geschnitten)

75 g gekochte Krabben (ausgelöst und fein gehackt)

20 g Parmesankäse (gerieben)

2 Eßlöffel feines Paniermehl

2 Portionen

Vorbereitungszeit: ca. 15 Minuten

Garzeit: 30–40 Minuten

gefüllter hummer

1 Weißes und dunkles Hummerfleisch auslösen, getrennt beiseite stellen. Hummerpanzer ausklopfen, in kochendem Wasser reinigen und abtrocknen.

2 Hummerfleisch leicht salzen und pfeffern. Gekochte Eier trennen und jeweils durch ein Sieb passieren.

3 Das dunkle Hummerfleisch in die Randbereiche des Panzers füllen, darüber jeweils eine feine Schicht Eiweißmasse streichen. Eine gleich dicke Schicht gehackte Petersilie und eine Lage Eigelb darüber geben. Das weiße Fleisch in die Mitte jeder Schale füllen, mit Zitronensaft beträufeln und mit einer Schicht Eiweiß bestreichen. Mit Paprikapulver Trennlinien zwischen Eiweiß und Eigelb markieren. Hummer auf einem Salatbett anrichten und servieren.

2 Hummer (gekocht, je ca. 750 g)

Salz und Pfeffer

2 Eier (hartgekocht)

4 Eßlöffel fein gehackte, glatte Petersilie

einige Tropfen Zitronensaft

Paprikapulver

gemischte Salatblätter, zum Garnieren

4 Portionen

Vorbereitungszeit: ca. 40 Minuten

krebs-spargel-suppe mit zitrone

1 Krebs (ca. 750 g)

250 g junger Spargel (geschält und in 5 cm lange Stücke geschnitten)

75 g Langkornreis

50 g Doppelrahmfrischkäse

Salz und Pfeffer

Cayennepfeffer

8 dünne Scheiben Baguette

3 Eigelb

2–4 Eßlöffel Zitronensaft

Kerbelzweige, zum Garnieren

4 Portionen
Vorbereitungszeit: ca. 25 Minuten
Garzeit: ca. 1 Stunde

1 Weißes und dunkles Krebsfleisch auslösen und getrennt beiseite stellen. Schalen in eine Plastiktüte legen, mit einer Teigrolle zerkleinern und Schalen mit den Spargelschalen in einen großen Topf geben. 1,2 l Wasser aufgießen. Einmal aufkochen und 30 Minuten leicht köcheln lassen. Die Brühe durch ein feines Sieb in einen sauberen Topf umfüllen.

2 ½ l Wasser mit 1 Prise Salz zum Kochen bringen, die Spargelstükke zufügen und 2–3 Minuten bißfest kochen. Abschütten, das Kochwasser auffangen und den Spargel in kaltem Wasser abkühlen, abtropfen lassen und beiseite stellen. Krebsbrühe wieder aufkochen, Spargelwasser hinzufügen, Hitze reduzieren und den Reis zugeben. 12–15 Minuten köcheln lassen, bis der Reis gar ist.

3 Frischkäse und 5 Eßlöffel dunkles Krebsfleisch in eine Schüssel geben. Mit Salz, Pfeffer und Cayennepfeffer würzen und gut vermengen. Brotscheiben auf beiden Seiten goldbraun toasten, Krebsfleischmasse darauf verteilen und warm stellen.

4 Brühe auf die niedrigste Stufe zurückschalten. Die Eigelbe mit 2 Eßlöffeln Zitronensaft in einer Schüssel verrühren und mit 1 Schöpfkelle Brühe verquirlen. Diese Flüssigkeit unter die Suppe ziehen, nicht mehr kochen lassen, da sonst das Ei gerinnt. Nach Geschmack würzen. Spargel und weißes Krebsfleisch zufügen, die Suppe noch einmal erhitzen. Mit Kerbelzweigen garnieren und die vorbereiteten Krebstoasts dazu reichen. Sofort servieren.

austern im teigmantel

1 Teig dünn ausrollen, mit einer runden Ausstechform mit 6 cm Durchmesser 12 Teigkreise ausstechen und in eingefettete Törtchenformen drücken. Teig mehrfach mit einer Gabel einstechen.

2 Teigformen im vorgeheizten Ofen bei 220 Grad 10 Minuten lang blindbacken (s. unten). Aus dem Backofen nehmen und die Hitze auf 190 Grad reduzieren.

3 Austern und Petersilie in die Törtchen füllen. Ei mit Sahne verquirlen und nach Geschmack mit Cayennepfeffer und Pfeffer würzen. Die Mischung auf die Törtchen verteilen und 15–20 Minuten backen, bis die Füllung fest und goldbraun ist.

250 g Mürbeteig (fertig gekauft)

Butter zum Einfetten

50 g geräucherte Austern (abgetropft und gehackt)

1 Teelöffel gehackte Petersilie

1 Ei

150 ml Sahne

1 Prise Cayennepfeffer, Pfeffer

12 Törtchen
Vorbereitungszeit: ca. 20 Minuten
Garzeit: ca. 30 Minuten

■ Blindbacken: Bei flüssigen Füllungen wird der Teig vorgebacken, damit die Füllung nicht in den Teig einzieht und er klebrig wird.

pastete aus räucherlachs

1 4 Pastetenformen einfetten und mit geräuchertem Lachs auslegen. Den übrigen Lachs fein hacken. Fischrogenpüree mit Käse, Tabasco, Zitronensaft und Cayennepfeffer vermischen. Gehackten Lachs zugeben. Alles in die Pastetenformen füllen und die Oberfläche glattstreichen. 2–3 Stunden lang gut kühlen.

2 Pasteten vorsichtig stürzen und vor dem Servieren mit Zitronenscheiben und Dillzweigen garnieren.

■ Sie können statt Pastetenformen auch Back-, Auflaufförmchen oder ähnliche kleine Bechergefäße verwenden.

1 Eßlöffel Sonnenblumenöl

175 g geräucherter Lachs (in feine Scheiben geschnitten)

175 g Fischrogenpüree (Fischladen)

175 g vollfetter Weichkäse

Tabasco

Saft von ½ Zitrone

1 Prise Cayennepfeffer

Dillzweige, Zitronenscheiben, zum Garnieren

4 Portionen

Vorbereitungszeit: ca. 15 Minuten, plus 2–3 Stunden Kühlzeit

500 g rohe Tiger-Prawns (Garnelensorte)

1 rote Chilischote (zerdrückt)

3 Stengel Zitronengras (grob gehackt) oder geriebene Schale von 2 unbehandelten Zitronen

1 Eßlöffel geriebene Limonenschale

4 Scheiben frischer Ingwer

2 Korianderzweige

900 ml Gemüsebrühe

2 Eßlöffel Sonnenblumenöl

1 kleine Zwiebel (gehackt)

2 Knoblauchzehen (in Scheiben geschnitten)

1 Teelöffel gemahlener frischer Ingwer

2 400g-Dosen gehackte Tomaten

2 Teelöffel dünnflüssige Sojasoße

12 Basilikumblätter, zum Garnieren

4 Portionen

Vorbereitungszeit: ca. 20 Minuten

Garzeit: ca.1 Stunde

1 Garnelen auslösen, das Fleisch beiseite legen und die Köpfe und Schwanzstücke in einen gußeisernen Kochtopf geben. Chilischote, Zitronengras oder Zitronenschale, Limonenschale, Ingwerscheiben, Koriander und Brühe hinzufügen und aufkochen. Abdecken und ca. 30 Minuten lang köcheln lassen.

2 Öl in einem großen Topf erhitzen und Zwiebel, Knoblauch und gemahlenen Ingwer 5 Minuten anbraten. Tomaten zugeben und 5 Minuten lang köcheln lassen. Die Garnelenbrühe abseihen und mit der Sojasoße in den Topf gießen. Aufkochen, abdecken und 10 Minuten köcheln lassen. Die Garnelen hinzufügen und 5–6 Minuten lang kochen lassen, bis sie gar sind. In Suppenschalen füllen und mit Basilikum garniert servieren.

garnelen-suppe nach thai-art

■ Zum Kochen verwendet man meist die etwas salzigere dünnflüssige Sojasoße, während die dickflüssigere süße Sojasoße sich besser zum Dippen eignet.

krabben-päckchen

1 Knoblauch, Schalotte, Ingwer, Zitronengras, Limonenschale, Chilischoten, Chiliöl, Fischsoße, Limonensaft und Zucker in ein Mixgerät geben und zu einer festen Masse verarbeiten. Kokosmilch zufügen und gründlich vermischen.

2 Von den Krabben Schalen und Därme, jedoch nicht die Schwänze entfernen. Krabben und Kokosmischung sorgfältig vermischen. In 4 große Stücke fettabweisendes Backpapier je ¼ der Krabben-Kokos-Mischung legen. Zu kleinen Päckchen wickeln und in einem Dämpfeinsatz über kochendem Wasser 8–10 Minuten dünsten.

3 Krabben auswickeln und auf 4 Servierteller verteilen. Die übrige Kokosmischung zu einer glatten Masse verquirlen und auf die Portionen verteilen. Mit Lauchzwiebeln und Paprikastreifen garnieren und sofort servieren.

2 Knoblauchzehen

1 Schalotte (gehackt)

1 frische Ingwerwurzel (ca. 5 cm lang, geschält und gehackt)

1 Stengel Zitronengras (fein gehackt)

2 Teelöffel geriebene Limonenschale

1 Teelöffel getrocknete, zerdrückte Chilischoten

2 Teelöffel Chiliöl

1 Eßlöffel Fischsoße (Nam Pla)

1 Eßlöffel Limonensaft

¼ Teelöffel Zucker

75 ml Kokosmilch

24 rohe Krabben

In Ringe geschnittene Lauchzwiebeln, ½ entkernte und in Scheiben geschnittene rote Paprikaschote, zum Garnieren

4 Portionen
Vorbereitungszeit: ca. 30 Minuten
Garzeit: 8–10 Minuten

artischocken mit knoblauch-kräuter-mayonnaise

1 Mayonnaise in einer Schüssel mit Knoblauch und gemischten Kräutern verrühren. Die Mayonnaise mindestens 30 Minuten ziehen lassen.

2 Stiele der Artischocken abschneiden und die Schnittstellen mit Zitrone abreiben, damit sie sich nicht verfärben. Die Artischocken in einen großen Topf mit kochendem Wasser legen. Zitronenviertel auspressen und den Saft mit den ausgepreßten Stücken dem Kochwasser zugeben. Ca. 25–30 Minuten lang kochen lassen, bis ein einzelnes Artischockenblatt leicht abgezupft werden kann. Artischocken mit einem Schaumlöffel herausheben und auf den Spitzen stehend abtropfen und leicht abkühlen lassen.

3 Artischocken vierteln und die äußeren haarigen Teile entfernen. Die Viertel auf einzelnen Tellern oder einer Servierplatte anrichten. Olivenöl darüber gießen, salzen, pfeffern und mit Zitronenvierteln garnieren. Als Dip die Kräuter-Mayonnaise dazu servieren.

4 Artischocken

1 unbehandelte Zitrone (in Vierteln)

4 Eßlöffel Olivenöl

Salz und Pfeffer

Knoblauch-Kräuter-Mayonnaise:

300 ml Mayonnaise (aus dem Glas oder selbst gemacht, siehe Seite 9)

2 Knoblauchzehen (gepreßt)

2 Eßlöffel fein gehackter Estragon, Schnittlauch und Petersilie

Zitronenviertel, zum Garnieren

4 Portionen

Vorbereitungszeit: ca. 15 Minuten, plus 30 Minuten Marinierzeit

Garzeit: 25–30 Minuten

- klassische paella
- muscheln in weißweinsoße
- gebratener lachs mit tomatensoße
- hummer-spargel-salat
- seeteufel- & gemüsepäckchen mit safransoße
- hummer thermidor
- forelle mit mandeln
- rochen in orangen-cidre-soße
- risotto mit meeresfrüchten
- seezunge bonne femme
- seezunge à la normandie
- lachs mit drei soßen
- gedünstetes fisch-curry nach thai-art

fisch & meeresfrüchte

klassische paella

1 Knoblauchscheiben und Kräuter in eine große Pfanne geben, Wein und 150 ml Brühe zufügen, abschmecken. Muscheln hineingeben, die Pfanne mit einem Deckel dicht verschließen, aufkochen und ca. 5 Minuten köcheln lassen, bis sich die Muscheln öffnen. Zwischendurch kräftig schütteln. Muscheln herausnehmen, aussortieren, entfernen. Flüssigkeit durchseihen und aufheben.

2 2 Eßlöffel Olivenöl erhitzen und Tintenfischringe 5 Minuten anbraten. Zwiebel, gehackte Paprikaschote, Knoblauch untermischen und bei geringer Hitze 5 Minuten mitbraten. Muschelbrühe aufgießen, Tomaten zugeben und würzen. Aufkochen und unter Rühren ca. 15–20 Minuten andicken.

3 2 Eßlöffel Olivenöl erhitzen und die Hähnchenteile 5 Minuten anbraten. Den Reis zugeben und 3 Minuten mitbraten. Die Tintenfischmasse zufügen und alles gut vermischen. Ca. ⅓ der restlichen Brühe angießen und unter Rühren aufkochen. 3–4 Minuten kräftig kochen, ca. 30 Minuten zugedeckt köcheln. Brühe nachgießen, damit der Reis nicht anbrennt. Häufig durchrühren. Die Paella ist fertig, wenn das Hähnchenfleisch gar und der Reis weich, aber noch bißfest ist und fast die ganze Flüssigkeit aufgesogen hat.

4 Erbsen und Garnelen zugeben und ca. 5 Minuten mitköcheln lassen, eventuell Brühe nachgießen. Die Muscheln über die Paella verteilen, Pfanne mit Alufolie abdecken und alles ca. 5 Minuten erhitzen. Mit Petersilie garnieren.

4 Knoblauchzehen (2 in Scheiben geschnitten, 2 gepreßt)

1 Bund frische Kräuter (gemischt)

150 ml trockener Weißwein

2 l heiße Hühnerbrühe

Salz und Pfeffer

1 kg frische Muscheln (geputzt, siehe Seite 32)

4 Eßlöffel Olivenöl

4 kleine Tintenfische (küchenfertig, in Ringe geschnitten)

1 große Zwiebel (fein gehackt)

1 rote Paprikaschote (entkernt und gehackt)

4 große reife Tomaten (gehäutet, entkernt und gehackt)

12 Hähnchenschenkel (gehäutet, entbeint und in mundgerechte Stücke zerteilt)

500 g Arborio-Reis

125 g Erbsen (frisch oder tiefgekühlt)

12 große rohe Garnelen (ausgelöst)

1 Eßlöffel gehackte glatte Petersilie, Petersilienzweige, zum Garnieren

6 Portionen

Vorbereitungszeit: ca. 40 Minuten

Garzeit: ca. 1½ Stunden

muscheln in weißweinsoße

1 Muscheln mit einer festen Bürste abbürsten und mit einem scharfen Messer putzen. Offene Muscheln aussortieren.

2 Die halbe Menge Butter in einem großen gußeisernen Topf erhitzen und Zwiebel, Knoblauch und Porree leicht anbraten. Muscheln, Wein und 150 ml Wasser zufügen, den Topf abdecken und den Inhalt aufkochen. 2–5 Minuten lang kochen lassen, bis sich die Muscheln öffnen; den Topf mehrmals kräftig schütteln. Die Muscheln auf 4 große Suppenschalen verteilen, die ungeöffneten aussortieren. Warm stellen.

3 Restliche Butter und Mehl zu einer Paste verkneten und portionsweise zum Binden der Kochflüssigkeit in den Topf geben. Dabei fortwährend rühren.

4 Kochflüssigkeit aufkochen, nach Geschmack mit Salz und Pfeffer würzen, Petersilie zufügen und über die Muscheln gießen. Kurz vor dem Servieren 1–2 Eßlöffel Sahne unterziehen.

2 kg Miesmuscheln

15 g Butter

1 große Zwiebel (fein gehackt)

1–2 Knoblauchzehen (fein gehackt)

1 kleiner Porree (weiße und grüne Teile in feine Ringe geschnitten)

300 ml trockener Weißwein

25 g Mehl

Salz und Pfeffer

2 Eßlöffel glattblättrige Petersilie (fein gehackt)

1 –2 Eßlöffel Sahne (nach Wunsch)

4 Portionen
Vorbereitungszeit: ca. 20 Minuten
Garzeit: ca. 10 Minuten

1 Für die Tomatensoße alle Zutaten bis auf den Zitronensaft in einem Topf mit ⅛ l Wasser aufkochen. Bei geringer Hitze zugedeckt ca. 10 Minuten köcheln lassen. Suppengrün herausnehmen.

2 Brühe pürieren und durch ein Sieb passieren. Zu einer sämigen Soße einkochen. Zitronensaft zugeben, mit Salz und Pfeffer würzen.

3 Olivenöl erhitzen. Den Knoblauch einige Minuten darin braten, wieder herausnehmen und den Lachs mit Salz, Pfeffer und geriebenem Muskat gewürzt von beiden Seiten einige Sekunden scharf anbraten. Bei mittlerer Hitze einige Minuten weiter garen. Vom Herd nehmen und den Lachs warm stellen. Den Bratenfond mit Rotwein ablöschen und in die Tomatensoße gießen.

4 Lachs mit gemischten Salatblättern und Dillzweigen garniert auf Tellern anrichten und mit der Tomatensoße servieren.

1 Eßlöffel Olivenöl

1 Knoblauchzehe (gepreßt)

2 frische Lachssteaks oder -filets

Salz und Pfeffer

geriebene Muskatnuß

½ Glas Rotwein (nach Belieben)

Tomatensoße

750 g Tomaten (in Scheiben geschnitten)

1 kleine Zwiebel (fein gehackt)

1 Prise Zucker

1 Bund Suppengrün

Saft von ½ Zitrone

Salz und Pfeffer

Salatblätter, Dillzweige, zum Garnieren

2 Portionen
Vorbereitungszeit: ca. 20 Minuten
Garzeit: ca. 10–15 Minuten

gebratener lachs mit tomatensoße

hummer-spargel-salat

1 Dressing: Knoblauch, Anchovis und Kräuter in einer Küchenmaschine gründlich miteinander mischen. Mayonnaise, Essig und nach Geschmack Salz und Pfeffer zugeben. In eine Schüssel umfüllen, abdecken und mindestens 1 Stunde kühl stellen. Vor dem Servieren nach Wunsch einige Eßlöffel saure Sahne unterziehen.

2 Spargelspitzen auf gleiche Länge kürzen. Falls notwendig, die Spargelstücke ca. 5 cm unterhalb der Spitzen mit einem Spargelmesser nach unten hin abschälen. Spargel ca. 4–6 Minuten in Salzwasser kochen, bis er gar, aber noch bißfest ist. Abtropfen lassen, unter laufendem kalten Wasser abkühlen. Erneut abtropfen und auskühlen lassen.

3 Hummerzangen und -schwänze aufbrechen und das Fleisch auslösen. Das Fleisch aus den Zangen ganz lassen, die Schwanzstücke in feine runde Scheiben schneiden.

4 Spargelspitzen und Hummerfleisch auf einem Salatbett anrichten. Mit einem Löffel ein wenig von dem Dressing darüber gießen und den Rest getrennt dazu servieren.

500 g Spargelspitzen

2 Hummer (je 500–750 g, frisch gekocht)

gemischte Salatblätter, zum Garnieren

Kräuterdressing:

1 kleine Knoblauchzehe (gepreßt)

2 Anchovis (gut abgetropft)

1 Eßlöffel Schnittlauchröllchen

1 Eßlöffel gehackte Petersilie

1 Teelöffel gehackter Estragon

125 ml Mayonnaise (aus dem Glas oder selbst gemacht, siehe Seite 9)

1 Teelöffel Estragonessig

Salz und Pfeffer

einige Eßlöffel saure Sahne (nach Belieben)

2 Portionen

Vorbereitungszeit: ca. 20 Minuten, plus 1 Stunde Kühlzeit

Garzeit: ca. 5 Minuten

seeteufel- & gemüse-päckchen mit safransoße

1 Für die Safransoße Wein in einen kleinen Topf gießen, mit der Schalotte aufkochen und bis auf die Menge ½ Eßlöffels einkochen. Vom Herd nehmen, mit Sahne und Safran verrühren und beiseite stellen.

2 4 große Stücke Back- oder hitzebeständiges Küchenpapier zuschneiden und dünn mit Butter bestreichen. Den Seeteufel in medaillongroße Stücke zerteilen, in die Mitte der Papierstücke legen und das vorbereitete Gemüse um den Fisch herum verteilen. Alles mit Zitronensaft und Wein beträufeln, leicht salzen und pfeffern. Papierecken in die Mitte schlagen und die Ränder gut zusammenfalten, damit die Päckchen dicht verschlossen sind.

3 Päckchen in einem Dämpfeinsatz über einem Topf mit sprudelnd kochendem Wasser 10 Minuten lang dünsten, bis der Fisch gar ist.

4 Die Päckchen öffnen und ¼ der Safransoße über jede Portion gießen. Die sich mit dem Kochsaft vermischende Soße sorgt für einen außergewöhnlich delikaten Geschmack! Mit Petersilienzweigen garnieren und heiß servieren.

Safransoße:

75 ml trockener Weißwein

1 Schalotte (fein gehackt)

75 ml Sahne

1 Prise gemahlener Safran

500 g Seeteufel (gehäutet, entgrätet), etwas Butter

2 Möhren (in 4 cm langen Stücken)

2 Stangen Staudensellerie (in 4 cm langen Stücken)

1 Zwiebel (in Halbringen)

1 rote Paprikaschote (entkernt und in 4 cm langen Stücken)

2 Eßlöffel Zitronensaft

3 Eßlöffel Weißwein

Salz und Pfeffer

einige Zweige glattblättrige Petersilie, zum Garnieren

4 Portionen

Vorbereitungszeit: ca. 20 Minuten

Garzeit: ca. 20 Minuten

hummer thermidor

1 Hummer längs halbieren, das Fleisch aus der Schale lösen und in 1 cm lange Stücke schneiden. (Das geht leichter, wenn Sie es schräg schneiden.) Die Schalen waschen und abtrocknen. In einer kleinen Pfanne 25 g Butter erhitzen, das Hummerfleisch hineingeben und unter Rühren vorsichtig anbraten.

2 Übrige Butter in einem kleinen Topf erhitzen, die Zwiebel leicht anbraten, Mehl zufügen und gut vermischen. Unter Rühren die Milch aufgießen, aufkochen und einige Minuten köcheln lassen. Cheddar zugeben und bei geringer Hitze gut unterrühren. Wein und Paprikapulver zufügen und mit Salz und Pfeffer abschmecken.

3 Soße über den Hummer gießen, gut vermischen und einige Minuten bei geringer Hitze kochen lassen. Die gesäuberten Schalen auf einen Grillrost legen und mit der Hummermischung füllen, reichlich mit Parmesankäse bestreuen und in den vorgeheizten Grill geben, bis die Soße Blasen bildet und goldbraun ist. Den Hummer auf 2 Servierschalen in Salatblättern anrichten und mit Zitronenscheiben garnieren.

1 Hummer (ca. 1 kg, gekocht)

50 g Butter

1 kleine Zwiebel (fein gehackt)

25 g Mehl

150 ml Milch

25 g Cheddar (gerieben)

1 Eßlöffel Weißwein

1 Prise Paprikapulver

Salz und Pfeffer

2 Eßlöffel geriebener Parmesankäse

Salatblätter, Zitronenscheiben, zum Garnieren

2 Portionen
Vorbereitungszeit: ca. 45 Minuten
Garzeit: ca. 20 Minuten

■ Einen Hummer fachgerecht zu halbieren ist nicht ganz einfach – bitten Sie Ihren Fischhändler darum!

forelle mit mandeln

1 Mehl mit Salz und Pfeffer vermengen und die Forellen damit bestäuben.

2 Die Hälfte der Butter in einer großen Pfanne erhitzen und die Forellen darin 3–4 Minuten von jeder Seite anbraten, wieder herausnehmen und warm stellen.

3 Mandelblättchen mit der übrigen Butter in der Pfanne bei geringer Hitze goldgelb rösten. Zitronensaft aufgießen und nach Geschmack mit Salz und Pfeffer würzen. Soße erhitzen und über die Forellen gießen. Mit Fenchelgrün und Zitronenscheiben garnieren und sofort servieren.

Mehl (zum Bestäuben)

Salz und Pfeffer

125 g Butter

4 mittelgroße Forellen (küchenfertig)

125 g Mandelblättchen

2 Eßlöffel Zitronensaft

Fenchelgrün, Zitronenscheiben, zum Garnieren

4 Portionen
Vorbereitungszeit: ca. 15 Minuten
Garzeit: ca. 20 Minuten

rochen in orangen-cidre-Soße

1 Rochenflossen in eine große flache Pfanne legen. Zwiebel, Cidre, Orangensaft, Orangenschale und je 1 Prise Salz und Pfeffer zugeben und langsam erhitzen. Den Fisch ca. 15 Minuten darin dünsten.

2 Flossen mit einem Schaumlöffel herausheben und auf einer vorgewärmten Servierplatte warm stellen.

3 Kapern in die Kochflüssigkeit geben und diese bei erhöhter Hitze zu einer dickflüssigen Soße einkochen lassen. Eventuell nachwürzen. Zitronensaft zufügen und die Pfanne vom Herd nehmen, Sahne mit einem Schneebesen unterziehen. Soße über den Fisch gießen, mit Orangenstreifen garnieren und sofort servieren.

4 Rochenflossen (ersatzweise Schellfischfilet oder Merlanfilet)

1 kleine Zwiebel (fein gehackt)

300 ml trockener Cidre

Saft und Schale von 1 unbehandelten Orange

Salz und Pfeffer

1 Eßlöffel Kapern, 1 Spritzer Zitronensaft, 4 Eßlöffel Sahne

gehäutete Orangenstreifen, zum Garnieren

4 Portionen
Vorbereitungszeit: ca. 15 Minuten
Garzeit: ca. 20 Minuten

■ Wegen ihrer eindrucksvollen Form eignen sich Rochenflossen perfekt zur Zubereitung einer wirklich besonderen Mahlzeit. Am besten schmecken sie gedünstet, gedämpft oder einfach in der Pfanne gebraten.

1 Kraken und Tintenfisch abspülen, säubern und in Ringe schneiden. Die Tentakel in kleine Stücke schneiden. Garnelen waschen, auslösen und die Därme entfernen. Den Fisch in große Stücke zerteilen.

2 Olivenöl in einer großen Pfanne erhitzen und Zwiebel und Knoblauch vorsichtig anbraten, bis sie weich und goldgelb sind. Reis zugeben und ca. 1–2 Minuten lang unter Rühren anbraten.

3 Etwas Brühe und die gehackten Tomaten hinzufügen und aufkochen. Die Hitze herunterschalten und leicht köcheln lassen. Nach und nach die Brühe aufgießen, bis der Reis die gesamte Flüssigkeit aufgesogen hat und gar ist. Nach 15 Minuten die vorbereiteten Meeresfrüchte zugeben. Wenn der Reis gar ist, die Petersilie hinzufügen und mit Salz und Pfeffer abschmecken.

4 Die fertigen Portionen mit Chilistreifen und Zitronenvierteln garnieren.

1 kg gemischte Meeresfrüchte (Krake, Tintenfisch, Garnelen, weißes Fischfleisch)

2 Eßlöffel Olivenöl

1 große Zwiebel (gehackt)

2 Knoblauchzehen (zerdrückt)

250 g Arborio-Reis

600–750 ml Fischbrühe

3 Tomaten (gehäutet und gehackt)

2 Eßlöffel glattblättrige Petersilie (fein gehackt)

Salz und Pfeffer

4 rote oder grüne Chilischoten (in feine Streifen geschnitten), Zitronenviertel, zum Garnieren

4 Portionen
Vorbereitungszeit: ca. 15 Minuten
Garzeit: ca. 45 Minuten

risotto mit meeresfrüchten

seezunge bonne femme

1 50 g Butter in einem Topf schmelzen, Schalotten und Champignons darin anbraten, Petersilie zugeben und die Mischung gleichmäßig auf dem Boden einer feuerfesten Auflaufform verteilen.

2 Seezungenfilets vom schmaleren Ende her aufrollen, in die Form legen und mit reichlich Salz und Pfeffer würzen. Weißwein, Brühe und Zitronensaft darüber gießen und im vorgeheizten Ofen bei 180 Grad 15 Minuten garen.

3 Filets auf eine vorgewärmte Servierplatte legen und die Auflaufform auf eine Herdplatte mit mittlerer Hitze stellen. Die übrige Butter mit dem Mehl zu einer Paste verkneten und portionsweise in die kochende Champignonmischung einrühren, bis sie andickt.

4 Soße über den Fisch gießen. Mit Petersilie und Zitronenscheiben garnieren und mit Gemüsen der Saison servieren.

75 g Butter

4 Schalotten (gehackt)

125 g Champignons (in Scheiben geschnitten)

2 Eßlöffel gehackte Petersilie

1 kg Seezungenfilets (längs halbiert und gehäutet)

Salz und Pfeffer

4 Eßlöffel trockener Weißwein

150 ml Fischbrühe

2 Eßlöffel Zitronensaft

25 g Mehl

Petersilienzweige, Zitronenscheiben, zum Garnieren

4–6 Portionen

Vorbereitungszeit: ca. 20 Minuten

Garzeit: ca. 30 Minuten

seezunge à la normandie

4 Seezungenfilets (je 300 g)

150 g Butter

125 g kleine Champignons (geputzt)

1 Eßlöffel Zitronensaft

600 ml heiße Fischbrühe

1 kg Miesmuscheln (geputzt, siehe Seite 32)

150 ml trockener Weißwein

4 Schalotten (fein gehackt)

2 Eigelb

200 ml Sahne

125 g gekochte Krabben (ausgelöst)

2 Eßlöffel gehackte Petersilie, Petersilienzweige, Zitronenscheiben, zum Garnieren

4 Portionen
Vorbereitungszeit: ca. 15 Minuten
Garzeit: ca. 1 Stunde

1 Filets salzen und pfeffern. 25 g Butter in einer feuerfesten Kasserolle schmelzen, Filets und Champignons hineinlegen, mit Zitronensaft beträufeln und mit heißer Brühe aufgießen. Abdecken und bei 180 Grad ca. 12–15 Minuten im vorgeheizten Ofen backen, bis die Seezunge weich und zart ist. Fisch und Pilze herausnehmen und warm stellen.

2 Muscheln mit Wein und Schalotten in einen großen Topf geben und bei hoher Temperatur kochen, bis sich die Muscheln öffnen. Dabei den Topf mehrmals schütteln. Ungeöffnete Muscheln aussortieren. Die Hälfte der Muscheln auslösen und alle warm stellen. Muschel- und Fischbrühe durchsieben, in einem Topf auf ¾ der ursprünglichen Menge einkochen lassen und vom Herd nehmen.

3 Eigelbe mit Sahne verquirlen und in die Brühe einrühren. Bei geringer Hitze 3–4 Minuten unter ständigem Rühren erhitzen, aber nicht aufkochen. Vom Herd nehmen und die übrige Butter nach und nach darin auflösen.

4 Seezungenfilets, ausgelöste Muscheln und Krabben auf 4 vorgewärmten Tellern anrichten. Mit der Soße übergießen und mit den in der Schale verbliebenen Muscheln, gehackter Petersilie, Petersilienzweigen und Zitronenscheiben garnieren.

lachs mit drei soßen

1 Lachs innen gut auswaschen und mit Küchentüchern abtrocknen. Leicht salzen und pfeffern. Eine Lage Alufolie mit Butter einfetten, den Fisch darin einwickeln und in eine Backform legen. Im vorgeheizten Backofen bei 150 Grad ca. 1 Stunde lang garen. Abkühlen lassen.

2 Zur Zubereitung der Avocadosoße die Avocado mit Joghurt, Salz, Pfeffer und Zitronensaft (Dosierung nach Geschmack) in der Küchenmaschine zu einer glatten Soße verarbeiten. Für die übrigen Soßen die jeweiligen Zutaten miteinander verrühren, würzen und bis zum Servieren kühl stellen.

3 Lachs vorsichtig aus der Folie nehmen und auf ein großes Tranchierbrett legen. Mit einem flachen, scharfen Messer die Haut entlang des Rückgrats, vor der Schwanzflosse und um den Kopf herum aufschneiden und mit der Schneide die Haut und die Flossen abheben. Mit dem Messerrücken das braune Fleisch in der Mitte entfernen. Den Fisch wenden und die andere Seite entsprechend bearbeiten. Entlang des Rückgrats einschneiden und mit der flachen Schneide das Filet vorsichtig lösen und abheben (eventuell in 2 Teilen). Das Rückgrat an Kopf und Schwanz mit einer Küchenschere durchtrennen und die Teile abziehen. Den Lachs in Portionen schneiden.

4 Lachs auf einzelnen Tellern mit den Soßen anrichten. Mit Gurken- und Zitronenscheiben, Dill und Kerbelzweigen garnieren.

1 Lachs (ca. 2 kg, küchenfertig)

Salz und Pfeffer

50 g Butter (geschmolzen)

Salatblätter

Avocadosoße:

1 reife Avocado (geschält und entkernt)

150 g Naturjoghurt

Salz und Pfeffer

2–4 Eßlöffel Zitronensaft

Meerettichsoße:

1–2 Eßlöffel geriebener Meerrettich

150 g saure Sahne

Cocktailsoße:

1–2 Eßlöffel Tomatenketchup

150 g Mayonnaise

Tabasco

feine Gurkenscheiben, feine Zitronenscheiben, Dillzweige, Kerbelzweige, zum Garnieren

8–10 Portionen

Vorbereitungszeit: ca. 1 Stunde, plus Kühlzeit

Garzeit: ca. 1 Stunde

gedünstetes fisch-curry nach thai-art

1 Currypaste, Kokosmilch, Fischsoße und verquirltes Ei gut verrühren und beiseite stellen.

2 Fischstücke in eine flache Schale (kein Metall, aber hitzebeständig) legen. Koriander, Minze und Basilikum vorsichtig untermischen. Angerührte Curry-Mischung darüber gießen und gut umrühren.

3 Limonenschale und Chilischoten über den Fisch streuen und die Schale mit Alufolie dicht verschließen. In einem Dämpfeinsatz über siedendem Wasser ca. 15 Minuten dünsten. Das Ei dient zum leichten Andicken der Soße. Sofort servieren und gekochten Reis dazu reichen.

3 Eßlöffel rote Thai-Currypaste

200 ml Kokosmilch

1 Eßlöffel Fischsoße

1 Ei (verquirlt)

500 g Dorsch- oder Heilbuttfilet (gehäutet und in 5 cm lange Stücke geschnitten)

1 Eßlöffel gehackter Koriander

1 Eßlöffel gehackte Minze

1 Eßlöffel gehacktes süßes Thai-Basilikum (ersatzweise Basilikum)

1 Eßlöffel geriebene Limonenschale

2 große Chilischoten (rot und grün, entkernt und in feine Streifen geschnitten)

gekochter Reis (als Beilage)

4 Portionen
Vorbereitungszeit: ca. 10 Minuten
Garzeit: ca. 15 Minuten

■ Bananenblätter zum Anrichten erhalten Sie in Thai- bzw. Asiengeschäften. Tauchen Sie die Blätter vor dem Servieren in heißes Wasser, damit sie geschmeidig werden.

gemüsemix in malaysischer kokossoße ●

spinat-champignon-roulade ●

mediterraner gemüsesalat ●

würzige auberginen mit tomaten ●

porreeterrine mit walnüssen & fetakäse ●

gemischte gemüse der saison ●

pilze im knusperbett ●

gemüseterrine ●

camembert mit preiselbeeren ●

tagliatelle in steinpilzsoße ●

pilzsalat mit croûtons ●

vegetarisches

gemüsemix in malaysischer kokossoße

Kokossoße:

20 g Tamarindenpaste

425 ml Kokosmilch (aus der Dose)

2 Teelöffel grüne Thai-Currypaste

1 Teelöffel geriebener Ingwer

1 Zwiebel (gewürfelt)

½ Teelöffel gemahlene Kurkuma

Salz

125 g Brokkoliröschen

125 g Prinzeßbohnen (in ca. 2,5 cm lange Stücke geschnitten)

1 rote Paprikaschote (entkernt und in Streifen geschnitten)

125 g Zucchini (in feine Scheiben geschnitten)

4 Portionen
Vorbereitungszeit: ca. 15 Minuten, plus 30 Minuten Einweichzeit
Garzeit: ca. 20 Minuten

1 Zuerst die Kokossoße zubereiten. 2 Eßlöffel Rahm von der Kokosmilch abschöpfen und in einen Wok oder eine gußeiserne Pfanne gießen. Currypaste, Ingwer, Zwiebel und Kurkuma zugeben und bei geringer Hitze unter Rühren 2–3 Minuten kochen.

2 Übrige Kokosmilch und die Tamarindenpaste zufügen und aufkochen. Herdplatte herunterschalten und mit Salz abschmecken.

3 Brokkoli zugeben und ca. 5 Minuten mitkochen. Bohnen und Paprikaschote zugeben und weitere 5 Minuten mitkochen, dabei häufig rühren. Zum Schluß Zucchini zufügen und 1–2 Minuten mitkochen. Als Beilage eignet sich knuspriges Krabbenbrot.

■ Die süßsauer schmeckende Tamarinde ist als Paste in Asienläden erhältlich. Notfalls können Sie sie durch Zitronensaft oder Essig ersetzen.

spinat-champignon-roulade

1 Eine 30 x 20 x 5 cm große Backform mit Backpapier auslegen und leicht einfetten. Ersatzweise aus Alufolie eine gleich große Form falten. Spinat mit Butter in einem Topf weich dünsten, gut abtropfen, hacken und in eine große Schüssel umfüllen. Eigelbe zufügen und gründlich mit Spinat vermischen. Nach Geschmack mit Salz und Pfeffer würzen.

2 Eiweiße in einer großen, fettfreien Schüssel verschlagen, bis sie anfangen steif zu werden. Mit einem Metallöffel rasch unter den Spinat heben. Die Mischung gleichmäßig in die vorbereitete Backform verteilen, so daß ein flaches Rechteck entsteht, mit dem Parmesankäse bestreuen und im vorgeheizten Ofen bei 200 Grad ca. 10 Minuten überbacken.

3 In der Zwischenzeit die Füllung zubereiten. Butter in einem kleinen Topf erhitzen und darin bei geringer Hitze Champignons weich kochen. Mehl einrühren und ca. 1 Minute unter Rühren kochen lassen. Langsam Milch dazu gießen und Soße köcheln, bis sie andickt. Mit Muskatnuß abschmecken.

4 Spinatplatte aus dem Ofen nehmen und auf ein fettabweisendes Papier stürzen. Pilzfüllung rasch darüber verteilen und die Roulade vorsichtig aufrollen. In dicke Scheiben schneiden, mit Salatblättern garnieren und sofort servieren.

25 g Butter (und etwas zum Einfetten)

500 g frischer Spinat

4 Eier (getrennt)

Salz und Pfeffer

25 g Parmesankäse (gerieben)

Füllung:

15 g Butter

175 g junge Champignons (in Scheiben geschnitten)

1 Eßlöffel Mehl

150 ml Milch, 1 Prise Muskatnuß

Salatblätter, zum Garnieren

4 Portionen
Vorbereitungszeit: ca. 15 Minuten
Garzeit: ca. 20 Minuten

mediterraner gemüsesalat

1 Fenchel- und Zwiebelstücke in einen großen Topf mit kochendem Wasser geben. Sobald das Wasser erneut aufkocht, Gemüse 1 Minute lang kochen lassen, Zucchinistreifen zufügen und 1 Minute mitkochen. Gemüse in einem Sieb abtropfen lassen, unter kaltem Wasser abkühlen, erneut abtropfen lassen und beiseite stellen.

2 Olivenöl, Zitronenschale und Thymian in einer großen Schüssel miteinander verrühren. Gesamtes Gemüse zufügen und in Öl schwenken, damit dieses gut verteilt ist.

3 Eine Grillpfanne mit Alufolie auslegen, das Gemüse in einer Lage darauf legen und unter dem vorgeheizten Grill ca. 15 Minuten grillen, bis es weich ist und zu bräunen beginnt; dabei häufig wenden. Abkühlen lassen.

4 Die Zutaten für das Dressing in einer Schüssel miteinander vermischen. Das abgekühlte Gemüse auf einzelnen Tellern oder auf einer Servierplatte anrichten, das Dressing darüber geben und servieren.

2 kleine Fenchelknollen (in Streifen geschnitten)

2 rote Zwiebeln (in Streifen geschnitten)

3 Zucchini (halbiert und längs in Streifen geschnitten)

4 Eßlöffel Olivenöl

1 Teelöffel fein geriebene unbehandelte Zitronenschale

1 Eßlöffel gehackter Thymian

1 rote oder gelbe Paprikaschote (entkernt und in breite Streifen geschnitten)

175 g Kirschtomaten (halbiert)

Dressing:

4 Eßlöffel Olivenöl

2 Eßlöffel Zitronensaft

1 Prise Zucker

1 Eßlöffel gehackter Oregano

Salz und Pfeffer

4 Portionen

Vorbereitungszeit: ca. 15 Minuten

Garzeit: ca. 25 Minuten

750 g Auberginen (in 4 cm lange Stücke geschnitten)

4 Eßlöffel Zitronensaft

175 g Butter

2 Zwiebeln (in feine Scheiben geschnitten)

4 Knoblauchzehen (in feine Scheiben geschnitten)

1 Stück frischer Ingwer (7,5 cm lang, geschält und in feine Scheiben geschnitten)

2 Teelöffel schwarze Zwiebelsamen

1 Zimtstange

2 Teelöffel ungemahlener Koriander

2 Teelöffel ungemahlener Kreuzkümmel

2 Teelöffel gemahlener Pfeffer

2 Teelöffel Salz

2 Teelöffel Garam Masala

1 ½ Teelöffel gemahlenes Kurkuma

1 Teelöffel Cayennepfeffer

125 g pürierte Tomaten

400 g gehackte Tomaten (aus der Dose)

getrocknete rote Chilischoten, zum Garnieren

4–6 Portionen

Vorbereitungszeit: ca. 15 Minuten

Garzeit: 25–30 Minuten

1 Auberginen in eine Schüssel geben, mit Zitronensaft übergießen und umrühren.

2 Butter in einem großen Wok zerlassen, Zwiebeln, Ingwer und Knoblauch zufügen und 4–5 Minuten andünsten. Schwarze Zwiebelsamen, Zimt, Koriander und Kreuzkümmel untermischen und ca. 2 Minuten weiterbraten. Gewürze zufügen.

3 Pürierte und gehackte Tomaten zugeben, gut durchrühren und aufkochen. 600 ml kochendes Wasser angießen und Auberginenstücke mit Zitronensaft in den Topf geben. Aufkochen lassen, dann ca. 15–20 Minuten köcheln lassen, bis das Gemüse gar ist. Mit Chilischoten garnieren und heiß servieren.

würzige auberginen mit tomaten

porreeterrine mit walnüssen & fetakäse

1 Wurzeln und zum größten Teil auch grüne Teile der Porreestangen wegschneiden. Stangen in 5 cm lange Stücke schneiden, unter fließendem kalten Wasser gründlich waschen und 10 Minuten in Salzwasser garen.

2 Porreestücke lagenweise in eine kleine Kastenform (für 500 g Teiginhalt) füllen, dabei die unteren und oberen Teile abwechselnd nebeneinander legen. Jede Lage salzen und pfeffern. Mit dem Boden einer zweiten Kastenform die Lagen festdrücken, zusammen umdrehen und das Wasser abtropfen lassen. Mit einem ca. 1 kg schweren Gegenstand beschweren und mindestens 4 Stunden kühl stellen.

3 Die Porreeterrine vorsichtig aus der Form lösen, mit einem sehr scharfen Messer in sechs dicke Scheiben schneiden und je eine auf einen Teller legen. Mit Salatblättern garnieren. Die Walnüsse und den zerkleinerten Fetakäse auf die Salatblätter streuen.

4 Die Dressingzutaten in einer kleinen Schüssel miteinander vermischen, mit Salz und Pfeffer abschmecken und über die Porreeterrine geben. Mit Petersilienzweigen und Schnittlauch garnieren.

20 kleine junge Porreestangen

Salz und Pfeffer

Radicchio- oder andere Salatblätter

50 g Walnüsse (gehackt)

75 g Fetakäse (zerkleinert)

Dressing:

4 Eßlöffel Olivenöl

2 Eßlöffel Walnußöl

2 Eßlöffel Weinessig

2 Eßlöffel körniger Senf

Salz und Pfeffer

glattblättrige Petersilienzweige, Schnittlauchröllchen, zum Garnieren

6 Portionen

Vorbereitungszeit: ca. 25 Minuten, plus 4 Stunden Kühlzeit

Garzeit: ca. 10 Minuten

50 g Butter

1 Eßlöffel gehackte Kräuter (nach Belieben, z. B. Minze und Petersilie)

Salz und Pfeffer

4 Zucchini (längs halbiert)

2 Porreestangen (geputzt und in Scheiben geschnitten)

2 große Möhren (in dicke Stifte geschnitten)

125 g Prinzeßbohnen (geputzt)

4 Stangen Staudensellerie (in dicke Stifte geschnitten)

1 kleiner Bund Brunnenkresse (kleingeschnitten)

4 Portionen
Vorbereitungszeit: ca. 20 Minuten
Garzeit: ca. 5 Minuten

1 Für Kräuterbutter Butter mit Kräutern vermischen und kräftig mit Salz und Pfeffer würzen. Zucchini, Porree, Möhren, Bohnen und Staudensellerie in den Einsatz eines Dampfkochtopfes geben und gut salzen und pfeffern.

2 Den Deckel aufsetzen und 3–5 Minuten über kochendem Wasser dünsten. Brunnenkresse zufügen und 1 Minute dämpfen. Das Gemüse auf eine vorgewärmte Servierplatte geben und Kräuterbutter in Flocken darauf setzen.

gemischte gemüse der saison

pilze im knusperbett

1 Brotscheiben von beiden Seiten mit geschmolzener Butter bestreichen und fest in 8 Tortelett- oder Becherförmchen pressen. Im vorgeheizten Ofen bei 200 Grad ca. 10–15 Minuten backen, bis sie goldbraun und knusprig sind.

2 Während der Backzeit Füllung zubereiten. Butter in einem kleinen Topf zerlassen und darin Schalotte ca. 5 Minuten anbraten. Pilze zufügen und weitere 5 Minuten braten, bis sie weich sind. Madeira aufgießen und kurz aufschäumen lassen, Sahne und Petersilie zugeben. Mit Salz und Pfeffer abschmecken. Bei mittlerer Hitze einige Minuten weiterkochen lassen, bis die Flüssigkeit eine soßenartige Konsistenz annimmt.

3 Salatblätter und die Teigformen auf kleinen Tellern anrichten. Pilze in die Formen füllen und heiß servieren.

Knusperbett:

8 dünne Scheiben Brot (ohne Kruste)

50 g Butter (geschmolzen)

Füllung:

25 g Butter

1 Schalotte (gehackt)

175 g Pilze (Maronen, Austernpilze, Shiitake-Pilze, in Scheiben geschnitten)

1 Eßlöffel Madeira

4 Eßlöffel Sahne

1 Eßlöffel gehackte Petersilie

Salz und Pfeffer

gemischte Salatblätter, zum Garnieren

6–8 Portionen
Vorbereitungszeit: ca. 15 Minuten
Garzeit: 10–15 Minuten

gemüse-terrine

Butter

250 g Möhren (in gleichmäßige Stücke geschnitten)

250 g dicke Bohnen (ohne Schale)

250 g tiefgekühlter Spinat (aufgetaut)

3 Eigelb

3 Eßlöffel Sahne

Salz und Pfeffer

Muskatnuß (frisch gerieben)

Soße:

1 große rote Paprikaschote

Dillzweige, Limonenscheiben, zum Garnieren

6 Portionen
Vorbereitungszeit: ca. 40 Minuten
Garzeit: ca. 1½ Stunden

1 Eine Kastenform mit 600 ml Fassungsvermögen mit Butter einfetten und mit eingefettetem Backpapier vollständig auskleiden. Möhren und Bohnen getrennt in kleinen Töpfen mit kochendem Wasser (je 1 cm Wasserhöhe) gar kochen. Spinat ohne Zugabe von Wasser 3–4 Minuten zusammenfallen lassen.

2 Gemüse vollständig abtropfen lassen, die Kochflüssigkeiten in einem Topf auffangen. Die Gemüsesorten getrennt mit je 1 Eigelb pürieren. Den pürierten Bohnen Sahne zufügen. Alles mit Salz und Pfeffer, Spinat zusätzlich mit etwas Muskat würzen. Spinat in die vorbereitete Form füllen und die Oberfläche glattstreichen. Das Bohnenpüree sorgfältig darauf schichten, zum Schluß das Möhrenpüree. Mit Alufolie abdecken und bei 160 Grad ca. 1 Stunde lang im vorgeheizten Ofen backen. Die Folie nach 45 Minuten abnehmen. Die Pastete sollte bei leichtem Druck nicht mehr nachgeben. Abkühlen lassen.

3 Für die Soße Paprikaschote anbräunen, bis die Schale dunkel wird und Blasen bildet. Die Schote in kaltes Wasser tauchen und Schale abziehen. Stiel und Kerne entfernen. Paprikaschote mit 200 ml der Kochflüssigkeiten pürieren. Nach Geschmack würzen und bis zum Servieren kühl stellen.

4 Pastete mit einem Messer von den Rändern der Form lösen, stürzen, Papier abziehen. In Scheiben schneiden und auf mit Soße gefüllte Teller legen. Mit Dillzweigen und Limonenscheiben garnieren.

camembert mit preiselbeeren

1 Preiselbeeren mit Zucker, 3 Eßlöffeln Wasser und Portwein in einem kleinen Topf aufkochen, die Herdplatte herunterschalten und leicht köcheln lassen, bis die Beeren nach ca. 5 Minuten weich sind und aufplatzen. Abkühlen lassen.

2 Teig auf einem eingefetteten Backpapier verteilen, mit etwas geschmolzener Butter bestreichen und die einzelnen Schichten versetzt übereinanderlegen, so daß ein Kreis entsteht. Camembert in die Mitte legen und Preiselbeersoße darüber gießen. Mit Pfeffer würzen.

3 Teigränder nach oben falten und über der Mitte fest zusammendrücken. Mit der restlichen Butter bestreichen und im vorgeheizten Backofen bei 200 Grad ca. 15–20 Minuten goldbraun backen. Vor dem Servieren noch ca. 5 Minuten auf dem Backpapier abkühlen lassen.

■ Frische Preiselbeeren sind in der ungeöffneten Verpackung im Kühlschrank bis zu 4 Wochen lang haltbar, geöffnet ca. 1 Woche.

75 g Preiselbeeren

25 g Zucker

1 Eßlöffel Portwein

8 Scheiben Filo-Teig (Strudelteig, ersatzweise Blätterteig)

25 g Butter (geschmolzen)

1 ganzer Camembert (ca. 250 g)

Pfeffer

4 Portionen

Vorbereitungszeit: ca. 20 Minuten

Garzeit: ca. 15–20 Minuten

tagliatelle in steinpilzsoße

1 Steinpilze in einer Schüssel mit 450 ml warmem Wasser 20–30 Minuten aufquellen lassen. Wasser abgießen und aufbewahren. Pilze in Stücke schneiden.

2 Butter in einer großen Pfanne erhitzen und darin Knoblauch und Zwiebel weich braten. Steinpilze zugeben und einige Minuten anbraten. 3 Eßlöffel vom Kochwasser und die restlichen Pilze zufügen, die Pfanne mit einem Deckel schließen und die Herdplatte auf eine höhere Stufe schalten. Gelegentlich umrühren. Wenn die Pilze weich sind, Sahne aufgießen, mit Salz und Pfeffer würzen und Pilzsoße noch einmal erhitzen.

3 In der Zwischenzeit einen großen Topf mit leicht gesalzenem Wasser zum Kochen bringen und darin die Tagliatelle 10–12 Minuten oder nach Packungsanweisung bißfest kochen.

4 Nudeln abgießen und in eine große Servierschüssel füllen. Die heiße Soße über die Pasta verteilen und mit Schnittlauch garnieren.

■ Sie können auch frische Steinpilze verwenden, die im Kühlschrank ca. 1 Woche haltbar sind.

15 g getrocknete Steinpilze

40 g Butter

1 Knoblauchzehe (gepreß)

50 g Zwiebel (feingehackt)

375 g Pilze (in feine Scheiben geschnitten)

150 ml Sahne

Salz und Pfeffer

300–375 g Tagliatelle

1 Eßlöffel Schnittlauchröllchen, zum Garnieren

3 Portionen

Vorbereitungszeit: ca. 10 Minuten, plus 20–30 Minuten Einweichzeit

Garzeit: 15–20 Minuten

pilzsalat mit croûtons

1 Größere Pilze in Scheiben schneiden oder hacken, die kleineren ganz lassen.

2 Für die Croûtons Brot in kleine Würfel schneiden. Öl zusammen mit Butter in einer Pfanne erhitzen. Brotwürfel ca. 3–4 Minuten unter dauerndem Rühren darin rösten, bis sie goldbraun und knusprig sind. Auf Küchenpapier abtropfen lassen und mit etwas Salz bestreuen.

3 Olivenöl in einer großen Bratpfanne erhitzen und Schalotte darin bei mittlerer Hitze in ca. 3–4 Minuten braten, bis sie glasig ist. Knoblauch zufügen und 1 Minute mitbraten. Pilze und Thymian zugeben, mit Salz und Pfeffer würzen und 2 Minuten unter Rühren braten. 4 Eßlöffel Wasser zufügen und bei mittlerer Hitze ca. 5 Minuten unter Rühren weiter braten, bis die Pilze weich sind. In eine Schüssel umfüllen und abkühlen lassen.

4 Abgekühlte Pilze vorsichtig mit Kresse, Basilikum und Croûtons vermischen. Dressing darüber verteilen. Nach Wunsch mit gehackter Petersilie garnieren.

500 g gemischte Wald- oder Zuchtpilze

Croûtons:

3 dicke Scheiben Weißbrot (ohne Kruste)

2 Eßlöffel Olivenöl, 25 g Butter

4 Eßlöffel Olivenöl

1 Schalotte (fein gehackt)

1 Knoblauchzehe (gehackt)

1 Teelöffel gehackter Thymian

Salz und Pfeffer

50 g Brunnenkresse

Handvoll Basilikumblätter (zerkleinert)

6 Eßlöffel French Dressing

gehackte Petersilie, zum Garnieren (nach Belieben)

4 Portionen
Vorbereitungszeit: ca. 15 Minuten
Garzeit: ca. 12 Minuten

- perlhuhn mit pilzen & gnocchi
- ente mit orangen
- fasan mit marsala & eßkastanien
- hähnchen mit artischocken
- hähnchen tandoori
- hähnchen vindaloo
- ente mit feigen in portwein
- flambierter fasan mit calvados
- coq au vin
- burgunder-gulasch
- rindfleischsalat mit neuen kartoffeln
- lamm-aprikosen-topf
- lammnüßchen mit granatapfel
- tournedos en croûte
- filetsteak mit austern
- roghan ghosht

fleisch & geflügel

perlhuhn mit pilzen & gnocchi

1 großes Perlhuhn (in 8 Teile zerteilt)

2 Eßlöffel Mehl (mit Pfeffer und Salz gewürzt)

2 Eßlöffel Olivenöl

2 Schalotten (fein gehackt)

1 Knoblauchzehe (gepreßt)

2 Eßlöffel gehackter Salbei

250 ml trockener Weißwein

250 ml Hühnerbrühe

1 Lobeerblatt

Salz und Pfeffer

Gnocchi:

750 g große Kartoffeln (ungeschält)

1 Ei (verquirlt)

3 Eßlöffel gehackte Petersilie

125 g Mehl (gesiebt)

Salz

Pilze:

50 g Butter

1 Schalotte (feingehackt)

500 g verschiedene Pilze (halbiert, große Pilze geviertelt)

fein geriebene Schale von 1 unbehandelten Zitrone

2 Eßlöffel Zitronensaft

4 Portionen
Vorbereitungszeit: ca. 1 Stunde
Garzeit: ca. 1 Stunde

1 Perlhuhnteile in Mehl wenden. Öl in einem großen Bräter erhitzen, Geflügelteile hineingeben und gut anbräunen. Herausheben und beiseite stellen. Hitze reduzieren, Schalotten, Knoblauch und Salbei in den Bräter geben und kurz weich braten. Wein zugeben und aufkochen, dabei rühren. Geflügelteile mit Hühnerbrühe und Lorbeerblatt in den Topf geben und aufkochen. Zugedeckt 25-30 Minuten köcheln lassen. Abschmecken.

2 Für die Gnocchi Kartoffeln in einen Topf geben, mit kaltem Wasser aufkochen und in ca. 20–25 Minuten garen. Wasser abschütten, Kartoffeln pellen und noch warm pürieren oder durch ein Sieb drücken. Verquirltes Ei und Petersilie mit dem Püree vermischen. Mehl einarbeiten, bis der Teig glatt und leicht klebrig ist. Abschmecken. Teig mit den Händen zu einer Rolle von 1 cm Durchmesser ausrollen. Diese in 1,5 cm lange Stücke schneiden und jedes Stück einzeln über eine in Mehl getauchte Gabel rollen und auf eine bemehlte Unterlage legen.

3 Für die Zubereitung der Pilze Butter langsam in einem Topf zerlassen und darin Schalotte weich dünsten. Pilze, Zitronenschale und Zitronensaft zufügen und gar kochen. Pilze 10 Minuten vor Ende der Garzeit des Perlhuhns zu diesem geben.

4 In einem großen Topf reichlich Wasser aufkochen und jeweils 20–25 Gnocchi darin garen. Fertige Gnocchi abtropfen und warm stellen. Mit der Perlhuhnkasserolle servieren.

ente mit orangen

25 g Butter

3 Eßlöffel Olivenöl

1 Ente, ca. 2 kg schwer (mit Küchengarn dressiert)

4 Knoblauchzehen (gepreßt)

125 g gekochter Schinken (in schmale Streifen geschnitten)

600 ml trockener Weißwein

200 ml Hühnerbrühe

1 Bund Suppengrün

Schale und Saft von 2 unbehandelten Orangen

Salz und Pfeffer

25 g weiche Butter

1 Eßlöffel Mehl

1 Eßlöffel Weinessig

2 in feine Scheiben geschnittene Orangen, einige Zweige Brunnenkresse, zum Garnieren

6 Portionen
Vorbereitungszeit: ca. 10 Minuten
Garzeit: ca. 1 ¾ Stunden

1 Butter und Öl in in einem hohen Bräter erhitzen und Ente hineinlegen. Bei mittlerer Hitze unter Wenden ringsum anbraten, bis die Haut goldbraun ist.

2 Knoblauch und Schinken zugeben und 1–2 Minuten anbraten. Weißwein und Hühnerbrühe zugießen, aufkochen und 3–4 Minuten köcheln lassen, bis die Flüssigkeit leicht eingekocht ist. Suppengrün und Orangensaft zugeben, mit Salz und Pfeffer würzen und den Bräter abdecken. Herdplatte herunterschalten und die Ente in ca. 1 ½ Stunden gar braten. Zwischendurch mit Bratensaft übergießen.

3 Orangenschale mit einem scharfen Messer in feine Streifen schneiden und 5 Minuten in einem kleinen Topf mit kochendem Wasser blanchieren. Abtropfen und auf Küchenpapier trocknen lassen.

4 In einer Schüssel Butter und Mehl vermischen. Ente aus dem Bräter nehmen, in Portionen zerteilen und warm stellen. Bratenflüssigkeit ca. 10 Minuten einkochen lassen. Essig, Orangenschalen und unter Rühren stückchenweise die Butter-Mehl-Mischung zugeben, bis die Soße andickt. Ente mit Orangenscheiben und Brunnenkresse garnieren und mit der Soße servieren.

fasan mit marsala & eßkastanien

1 Butter bei mittlerer Hitze in einem Bräter schmelzen, Fasan darin von allen Seiten anbräunen, herausnehmen und auf eine Platte legen. Herdplatte herunterschalten und Speck 1 Minute anbraten. Zwiebel, Sellerie und Möhre zufügen und mitbraten, bis die Zwiebel weich ist.

2 Fasan mit Salbei, Marsala und Hühnerbrühe in den Bräter geben und mit Salz und Pfeffer würzen. Aufkochen, abdecken und 35–40 Minuten köcheln lassen. Nach 25 Minuten Eßkastanien zugeben. Der Fasan kann auch bei 160 Grad im Backofen zubereitet werden.

3 Rote-Bete-Knollen schälen und in sehr dünne Scheiben schneiden. Die Scheiben in sehr feine Streifen schneiden, auf Küchenkrepp ca. 30 Minuten trocknen lassen und gründlich trockentupfen. Öl auf ca. 180–190 Grad erhitzen, so daß ein Brotwürfel in ca. 30 Sekunden goldbraun wird. Gemüsestreifen knusprig fritieren und auf Küchenpapier abtropfen lassen.

4 Fasan aus dem Bräter nehmen und warm stellen. Überschüssiges Fett abschöpfen. Bratenflüssigkeit rasch aufsieden und einkochen, bis sie leicht andickt. Mit den Gewürzen abschmecken und Fasan mit Soße und Rote-Bete-Streifen servieren.

25 g Butter

1 Fasan (ca. 1–1,25 kg)

125 g durchwachsener Speck (in Streifen geschnitten)

1 große Zwiebel (gehackt)

1 Stange Staudensellerie (gehackt)

1 große Möhre (gehackt)

1 Eßlöffel gehackter Salbei

125 ml Marsala

500 ml Hühnerbrühe

Salz und Pfeffer

250 g gekochte Eßkastanien

Rote-Bete-Streifen:

250 g rote Bete (roh)

Öl (zum Fritieren)

4 Portionen

Vorbereitungszeit: ca. 30 Minuten, plus ca. 30 Minuten Trockenzeit

Garzeit: 1–1½ Stunden

hähnchen mit artischocken

1 Äußere harte Artischockenblätter entfernen, mittlere Blätter zurückschlagen und Artischockenherzen herausschneiden. Mit einem scharfen Messer Stiele abtrennen. Artischockenherzen in eine bereitgestellte große Schüssel mit Wasser und Zitronensaft legen, mindestens 30 Minuten darin ziehen lassen. Zitronenwasser abgießen und Artischockenherzen gut abtropfen.

2 Öl in einer großen Pfanne erhitzen. Artischocken und Zwiebeln darin ca. 15 Minuten langsam anbraten, bis die Zwiebeln goldbraun sind. Hähnchenfilets zugeben und von jeder Seite goldbraun braten. Knoblauch, Kräuter und Wein zufügen und Filets bei geringer Hitze in ca. 10–15 Minuten gar braten.

3 Fleisch, Artischocken und Zwiebeln herausnehmen und warm stellen. Den Bratensaft bei größerer Hitze aufkochen, dabei mit einem Holzlöffel die Bratrückstände vom Pfannenboden lösen. Flüssigkeit einkochen, bis sie andickt. Die Soße abschmecken und über die Hähnchenfilets geben. Mit Petersilie garnieren und sofort servieren.

8 kleine junge Artischocken
4 Eßlöffel Zitronensaft
75 ml Olivenöl
250 g Perlzwiebeln (geschält)
4 Hähnchenbrustfilets
3 Knoblauchzehen
2 Thymianzweige
1 Lorbeerblatt
200 ml trockener Weißwein
Salz und Pfeffer

2 Eßlöffel gehackte glattblättrige Petersilie, zum Garnieren

4 Portionen

Vorbereitungszeit: ca. 15 Minuten, plus 30 Minuten Marinierzeit

Garzeit: 35–40 Minuten

Artischocken verfärben sich nicht, wenn man sie in mit Zitronensaft gesäuertes Wasser legt.

hähnchen tandoori

1 Hähnchenschenkel küchenfertig zuschneiden, die Haut nicht entfernen. Schenkel je dreimal einkerben und in einen feuerfesten Bräter (nicht aus Metall) legen. Joghurt mit Tandooripaste vermischen und darüber geben. Abdecken und 30 Minuten ziehen lassen.

2 Butter in einer großen gußeisernen Pfanne erhitzen, Ingwer und Zwiebel hineingeben und goldbraun braten. Minze und frischen Koriander zufügen und nach 30 Sekunden herausnehmen.

3 Knoblauch, gemahlenen Koriander und Kreuzkümmel in die Pfanne geben und bei mittlerer Hitze 1 Minute anbraten. Hähnchenschenkel zufügen und von jeder Seite 3 Minuten lang anbraten. Alle Schenkel mit der Haut nach oben in die Pfanne legen, die Brühe aufgießen und langsam aufkochen. Zugedeckt ca. 25 Minuten köcheln lassen. Offen noch ca. 10–12 Minuten weiterkochen.

4 Angebratene Zwiebeln über das Hähnchenfleisch geben und ca. 1 Minute erhitzen. Mit je 1 Löffel Soße und Limonen- oder Zitronenscheiben zum Auspressen servieren.

■ Geklärte Butter selbst herstellen: 250 g Butter in einem Topf schmelzen. 10-12 Minuten leicht köcheln lassen, bis der Schaum goldgelb wird. Die Butter durch ein Sieb gießen.

6 Hähnchenschenkel

50 mg Naturjoghurt, 50 ml Tandooripaste (Asienladen)

25 g geklärte Butter

1 Stück frischer Ingwer (geschält, in feinen Streifen)

1 rote Zwiebel (in feinen Scheiben)

25 g Minze (gehackt)

25 g frischer Koriander (gehackt)

2 Knoblauchzehen (gehackt)

1 Teelöffel gemahlener Koriander

1 Teelöffel gemahlener Kreuzkümmel, 175 ml Hühnerbrühe

Limonen- oder Zitronenscheiben, zum Garnieren

4 Portionen

Vorbereitungszeit: ca. 10 Minuten, plus 30 Minuten Marinierzeit

Garzeit: ca. 45 Minuten

2 ½ Teelöffel Koriandersamen

1 ½ Teelöffel Kreuzkümmelsamen

¼ Teelöffel schwarze Zwiebelsamen

¼ Teelöffel Fenchelsamen (ersatzweise Bockshornkleesamen)

¾ Teelöffel Pfefferkörner

¼ Teelöffel Senfkörner

1 Stück Zimtstange (2,5 cm lang)

2 Eßlöffel Kokosraspel

3 Gewürznelken

2 Eßlöffel ungesalzene Erdnüsse

6 Eßlöffel Essig

2 Knoblauchzehen (gepreßt)

1 Teelöffel gehackter frischer Ingwer

½ Teelöffel gemahlene Kurkuma

1 ½ Teelöffel Cayennepfeffer

2 Teelöffel Salz

1 Hähnchen (ca. 1,5 kg schwer, gehäutet und in Stücke zerteilt)

3 Eßlöffel Öl

12 Curryblätter

geröstete Zwiebelringe, zum Garnieren

4–6 Portionen
Vorbereitungszeit: ca. 20 Minuten, plus Marinierzeit (über Nacht)
Garzeit: 30–40 Minuten

1 Koriandersamen, 1 ½ Teelöffel Kreuzkümmelsamen, schwarze Zwiebelsamen, Fenchelsamen, Pfeffer- und Senfkörner mit Zimtstange, Kokosraspeln, Nelken und Erdnüssen ohne Fett anrösten und in einem Mörser zerstoßen. In eine Schüssel umfüllen und mit Essig, Knoblauch, Ingwer, Kurkumapulver, Cayennepfeffer und Salz vermischen. Hähnchenteile mit der Mischung bestreichen, abdecken und über Nacht marinieren.

2 Öl in einer tiefen Pfanne oder einem Wok erhitzen und Curryblätter sowie 1 Teelöffel Kreuzkümmelsamen zugeben. Nach ca. 10 Sekunden Hähnchenteile zugeben und 15 Minuten braten, dabei ein- bis zweimal wenden. Den Deckel aufsetzen und in ca. 15–20 Minuten das Fleisch gar braten. Ab und zu etwas Wasser aufgießen, damit das Fleisch nicht austrocknet. Einige Minuten bei schwacher Hitze weiter braten und mit gerösteten Zwiebelringen garniert servieren.

hähnchen vindaloo

ente mit feigen in portwein

1 Ente in eine große Schüssel legen, Marinadezutaten zugeben, gut durchrühren und mindestens 2 Stunden oder über Nacht im Kühlschrank ziehen lassen.

2 Geflügel aus der Marinade nehmen und gut abtrocknen. Marinade aufbewahren. Ententeile bei mittlerer Hitze in einem Bräter zuerst mit der Hautseite nach unten, dann rundherum anbräunen. Angebratene Teile in einem Sieb abtropfen lassen und das Fett in dem Bräter bis auf ca. 1 Eßlöffel abschöpfen.

3 Zwiebel und Knoblauch in den Bräter geben und ca. 5 Minuten braten, bis sie weich sind. Ententeile und Marinade zufügen, aufkochen und Hühnerbrühe aufgießen. Erneut aufkochen, Herdplatte herunterschalten und würzen. Mit einem dicht schließenden Deckel abdecken und ca. 45 Minuten leicht kochen lassen. Den Deckel abnehmen, das Fett abschöpfen und Feigen auf die Ententeile legen. Den Deckel wieder auflegen und die Ente mit den Feigen in ca. 20–30 Minuten gar kochen.

4 Fleisch und Feigen aus dem Topf nehmen und warm stellen. Sternanis, Zimtstange, Lorbeerblatt und Thymian herausnehmen und so viel Fett wie möglich abschöpfen. Die Soße bei großer Hitze auf die Hälfte einkochen und zu der Ente servieren.

1 Ente (ca. 2 kg, in 8 Stücke zerteilt)

Marinade:

400 ml Portwein

4 Sternanis (ganz)

1 Zimtstange (ca. 5 cm lang)

4 Gewürznelken

8 Szechuan- oder schwarze Pfefferkörner

2 Eßlöffel Stem-Ingwer (gehackt)

4 Eßlöffel flüssiger Honig

1 Stückchen unbehandelte Orangen- oder Mandarinenschale

1 Lorbeerblatt, 1 Thymianzweig

1 Zwiebel (gehackt)

1–2 Knoblauchzehen (gepreßt)

500 ml Hühnerbrühe

Salz und Pfeffer

12 reife Feigen

4 Portionen

Vorbereitungszeit: ca. 30 Minuten plus Marinierzeit (ca. 2 Stunden)

Garzeit: 1 ½ Stunden

flambierter fasan mit calvados

1 Fasan in eine Röstpfanne legen, Zwiebelhälften unter den Fasan stecken und beide mit wenig Salz und Pfeffer würzen. Den Fasan mit Butterflocken belegen und im vorgeheizten Backofen bei 190 Grad ca. 45 Minuten garen, bis das Fleisch zart und weich ist. 15–20 Minuten vor Ende der Garzeit Äpfel zufügen.

2 Fasan auf eine vorgewärmte Servierplatte legen. Apfelscheiben auf einem gesonderten Teller warm stellen und die Soße zubereiten.

3 Mehl in die Bratenflüssigkeit einrühren und 1 Minute bei mittlerer Hitze kochen. Unter Rühren Wein aufgießen, aufkochen und den Bräter vom Herd nehmen. Calvados in einem kleinen Topf erwärmen und anzünden. Wenn die Flammen erlöschen, den Calvados zur Soße geben. Sahne und gehackte Petersilie unterziehen. Nach Geschmack würzen und wieder erhitzen, ohne jedoch die Soße erneut aufzukochen.

4 Einen Teil der Soße um den Fasan verteilen und die Apfelscheiben dekorativ daneben anordnen. Mit Pommes Frites und frischen grünen Gemüsen servieren. Die übrige Soße getrennt dazu reichen.

1 küchenfertiger Fasan (möglichst eine Henne)

1 kleine Zwiebel (halbiert)

Salz und Pfeffer

25 g Butter

2 mürbe Äpfel (nach belieben Boskop geschält, entkernt und in dicke Scheiben geschnitten)

Soße:

15 g Mehl

150 ml trockener Weißwein

2 Eßlöffel Calvados

50 ml Sahne

1 Eßlöffel gehackte Petersilie

Salz und Pfeffer

2 Portionen

Vorbereitungszeit: ca. 20 Minuten

Garzeit: ca. 45 Minuten

coq au vin

1 In einer großen gußeisernen Pfanne Öl und Butter erhitzen, Hähnchenteile zufügen und bei geringer Hitze von allen Seiten goldbraun anbraten. Ab und zu wenden. Mit einem Schaumlöffel Geflügelteile aus der Pfanne nehmen und warm halten. Ein wenig von dem Bratfett abgießen und Zwiebeln und Speck in der Pfanne leicht anbraten. Mehl einstreuen und gut verrühren.

2 Wein unter Rühren aufgießen und aufkochen. Suppengrün, ungeschälten Knoblauch, Zucker und Muskat zufügen und mit Salz und Pfeffer abschmecken. Hähnchenteile wieder in die Pfanne geben, die Herdplatte herunterschalten, den Deckel auflegen und alles 15 Minuten köcheln lassen.

3 Champignons zufügen und noch 45 Minuten leicht kochen, bis die Hähnchenteile gar sind. Mit dem Schaumlöffel herausnehmen, auf einer vorgewärmten Servierplatte anrichten und warm halten. Weinbrand in die Soße gießen und ca. 15 Minuten offen kochen, bis sie angedickt ist. Vom Herd nehmen. Knoblauch und Suppengrün entfernen.

4 Soße über die Hähnchenteile gießen und mit gehacktem Thymian garnieren. Dazu paßt am besten frisches Baguette.

2 Eßlöffel Öl

50 g Butter

ca. 2,5 kg Hähnchen (in 12 Stücken)

24 kleine Perlzwiebeln (geschält)

125 g geräucherter Speck (in Würfel geschnitten)

1 Eßlöffel Mehl

1 Flasche Burgunder (oder ein anderer Rotwein)

1 Bund Suppengrün

2 Knoblauchzehen (ungeschält)

1 Prise Zucker

frisch geriebene Muskatnuß

24 Champignons mit geschlossenen Köpfen

1 Eßlöffel Weinbrand

Salz und Pfeffer

2 Eßlöffel feingehackter Thymian, zum Garnieren

Baguette, als Beilage

6–8 Portionen
Vorbereitungszeit: 15–20 Minuten
Garzeit: ca. 1 ½ Stunden

burgunder-gulasch

1 Ein paar Zwiebelscheiben mit ein wenig Petersilie, Thymian und Lorbeerblatt in eine hohe Schüssel geben. Eine Schicht Rindfleischstücke darauf verteilen und in dieser Weise das Fleisch und die Würzzutaten schichtweise verarbeiten. Weinbrand mit Wein und Öl vermischen und über das Fleisch gießen. Abdecken und mindestens 4 Stunden ziehen lassen.

2 Butter in einem Schmortopf schmelzen und Speck darin bei mittlerer Hitze goldbraun braten. Speck herausnehmen und beiseite stellen. Kleine Zwiebeln im Bratfett ringsum goldgelb anbraten, herausnehmen und beiseite stellen. Champignons unter Rühren ca. 1 Minute anbraten, abtropfen und beiseite stellen.

3 Fleischstücke aus der Marinade nehmen, Marinade durch ein Sieb gießen und beiseite stellen. Fleisch in den Schmortopf geben und rasch anbräunen. Mehl einstreuen und ca. 1 Minute anschwitzen. Nach und nach die Marinade zugeben, ebenso Brühe, Knoblauch und Suppengrün. Nach Geschmack würzen und im geschlossenen Topf 2 Stunden köcheln lassen.

4 Fett abschöpfen und Zwiebeln, Speck und Champignons zu dem Gulasch geben. Den Deckel auflegen und ca. 30 Minuten bei geringer Hitze fertig garen. Suppengrün herausnehmen und sofort servieren.

1 große Zwiebel (in dünne Scheiben geschnitten)

einige Petersilienzweige

einige Thymianzweige

1 Lorbeerblatt (zerkleinert)

1 kg Rindersteak oder Oberschale (in Stücke geschnitten)

2 Eßlöffel Weinbrand

400 ml roter Burgunder (oder eine andere Weinsorte)

2 Eßlöffel Olivenöl

50 g Butter

150 g magerer durchwachsener Speck (grob gehackt)

24 Perlzwiebeln (geschält)

500 g junge Champignons mit geschlossenen Köpfen (halbiert)

25 g Mehl

300 ml Rinder- oder Hühnerbrühe

1 Knoblauchzehe (gepreßt)

1 Bund Suppengrün

Salz und Pfeffer

4–6 Portionen

Vorbereitungszeit: ca. 30 Minuten, plus ca. 4 Stunden Marinierzeit

Garzeit: ca. 2 ½ Stunden

rindfleisch-salat mit neuen kartoffeln

1 Paprikahälften mit der Haut nach oben ca. 10–15 Minuten unter einen heißen Grill legen, bis die Haut Blasen bildet und dunkel wird. In eine Schüssel legen, mit Küchenpapier abdecken und abkühlen lassen. Die Haut abziehen, Paprikafleisch in Streifen schneiden und beiseite stellen.

2 Rindfleisch pfeffern. 5 Minuten grillen, dabei einmal wenden. Es sollte außen gut angebräunt, innen aber noch leicht rosa sein.

3 Kartoffeln halbieren und mit Paprikastreifen, Bohnen, Zwiebel, Tomaten und Oliven in eine Schüssel geben. Rindfleischsteaks in ca. 1 cm dünne Scheiben schneiden und mit Thymian dazu geben.

4 Dressingzutaten gut vermischen und über den Salat geben.

1 rote Paprikaschote (halbiert und entkernt)

375 g Rinderfilet (in 2,5 cm breite Mini-Steaks geschnitten)

Pfeffer

500 g neue Kartoffeln (gekocht und abgekühlt)

125 g Prinzeßbohnen (gekocht und abgekühlt)

½ rote Zwiebel (in feinen Scheiben)

125 g rote und gelbe Kirschtomaten (halbiert)

16 grüne Oliven mit Anchovis- oder Paprikafüllung

8 schwarze Oliven (nach Belieben)

2 Teelöffel gehackter Thymian

Salz

Süßes Senf-Dressing:

3 Eßlöffel Olivenöl

2 Eßlöffel körniger Senf

1 Eßlöffel flüssiger Honig

1 Teelöffel Zitronensaft

4–6 Portionen
Vorbereitungszeit: ca. 30 Minuten
Garzeit: ca. 25 Minuten

lamm-aprikosen-topf

1 kg mageres Lammfleisch ohne Knochen (küchenfertig, in 2,5 cm breite Würfel geschnitten)

1 große Zwiebel (gehackt)

2 Knoblauchzehen (gepreßt)

1 Teelöffel gemahlener Koriander

1 Teelöffel gemahlener Kreuzkümmel

½ Teelöffel gemahlener Zimt

¼ Teelöffel gemahlener Ingwer

1 Prise gemahlener Safran

2 feine Streifen unbehandelte Zitronenschale

2 Eßlöffel frischer Zitronensaft

1–2 Eßlöffel Honig

250 g getrocknete Aprikosen (2 Stunden oder über Nacht in warmem Wasser eingeweicht)

1 Eßlöffel gehackte glattblättrige Petersilie

Salz und Pfeffer

1 Eßlöffel Olivenöl

50 g ganze Mandeln (blanchiert)

Reis oder Couscous, als Beilage

4 Portionen
Vorbereitungszeit: ca. 20 Minuten, plus mindestens 2 Stunden Einweichzeit
Garzeit: ca. 1 ½ Stunden

1 Fleisch mit Zwiebel, Knoblauch, Gewürzen, Zitronenschale und -saft in einen feuerfesten Schmortopf geben. Gut vermischen und mit 600–900 ml Wasser zum Kochen bringen. Hitze reduzieren, Deckel auflegen und 1 Stunde köcheln lassen.

2 Honig einrühren, Aprikosen und Kräuter zufügen. Abschmecken. Zugedeckt ca. 30 Minuten schmoren, bis das Fleisch gar ist.

3 In der Zwischenzeit Öl in einer großen Pfanne erhitzen und Mandeln darin in ca. 5 Minuten goldbraun rösten. Dabei ab und zu die Pfanne schwenken.

4 Wenn das Lamm gar, die Soße aber noch zu dünnflüssig ist, Fleisch mit einem Schaumlöffel herausnehmen und die Soße offen bis zur gewünschten Konsistenz einkochen lassen. Mandeln über das fertige Gericht streuen und mit Reis oder Couscous servieren.

12 Lammnüßchen

1 Granatapfel (halbiert)

3 Lauchzwiebeln (fein gehackt)

½ Teelöffel schwarze Pfefferkörner (leicht gepreßt)

150 ml Lamm- oder Rinderbrühe

150 ml Rotwein

Schnittlauchröllchen, zum Garnieren

Rosenkohl oder grüne Bohnen, als Beilage

lammnüßchen mit granatapfel

6 Portionen
Vorbereitungszeit: ca. 15 Minuten, plus ca. 2 Stunden Marinierzeit
Garzeit: ca. 20 Minuten

1 Überflüssige Fettränder von den Fleischstücken abschneiden und Lammnüßchen in einer flachen Schale nebeneinander anordnen. Mit einer Zitruspresse Granatapfel auspressen und den Saft über das Fleisch gießen. Lauchzwiebeln und Pfefferkörner zufügen. Abdecken und mindestens 2 Stunden durchziehen lassen. Lammnüßchen abtropfen, Marinade auffangen und das Fleisch mit Küchenpapier abtupfen.

2 Fleischstücke in einer beschichteten Pfanne ohne Fettzugabe von beiden Seiten anbraten. Brühe und Wein aufgießen und offen kochen lassen, bis die Soßenflüssigkeit auf die Hälfte reduziert ist. Marinade zufügen und aufkochen.

3 Lammnüßchen aus der Pfanne nehmen und auf einer vorgewärmten Platte anrichten. Soße darüber gießen und mit Schnittlauchröllchen garnieren. Als Beilage frische Kartoffeln und Grüngemüse dazu reichen.

■ Granatäpfel sind normalerweise nur während der wärmeren Monate im Handel. Ihr Saft macht das Fleisch zarter.

tournedos en croûte

25 g Butter

1 Eßlöffel Öl

1 kleine Zwiebel (fein gehackt)

1 Knoblauchzehe, gepreßt

50 g Champignons (fein gehackt)

1 Prise geriebene Muskatnuß

Salz und Pfeffer

2 Filetsteaks (je ca. 175 g, küchenfertig zugeschnitten)

Mehl für die Arbeitsfläche

125 g frischer oder tiefgefrorener Blätterteig (fertig gekauft, aufgetaut)

1 Ei (verquirlt)

2 Scheiben gekochter Schinken

Kartoffeln und Spargel, als Beilage

2 Portionen
Vorbereitungszeit: ca. 20 Minuten
Garzeit: 30–35 Minuten

1 Die Hälfte der Butter mit Öl in einer Bratpfanne erhitzen. Zwiebel und Knoblauch darin weich dünsten, Champignons und Muskat zufügen und mit Salz und Pfeffer abschmecken. Auf niedriger Stufe dünsten, bis die Pilze gar sind und die Flüssigkeit verdunstet ist. In 4 Portionen aufteilen und abkühlen lassen.

2 Übrige Butter in einer sauberen Pfanne erhitzen und Filets von beiden Seiten rasch darin anbraten. Kühl stellen.

3 Teig auf einer leicht bemehlten Unterlage ausrollen und 4 Kreise ausschneiden, die ca. doppelt so groß wie die Fleischstücke sind. Die Teigränder 2,5 cm breit mit einem Teil des verquirlten Eis bestreichen. Den Schinken auf 4 Stücke in der Größe der Steaks zurechtschneiden.

4 Auf 2 der Teigstücke je 1 Scheibe Schinken legen, darauf je eine Portion der Pilze, 1 Filetsteak, eine weitere Lage Champignons und 1 Schinkenscheibe. Mit den restlichen Blätterteigkreisen abdecken, die Ränder fest zusammendrücken. Aus den Teigresten Blätter formen und die Teighüllen damit garnieren. Mit dem übrigen verquirlten Ei bestreichen und im vorgeheizten Ofen bei 220 Grad in ca. 20 Minuten goldbraun backen. Dazu Kartoffeln und Spargel reichen.

filetsteak mit austern

1 Steaks fast vollständig längs aufschneiden und aufklappen, so daß eine Schmetterlingsform entsteht. Das Fleisch zwischen 2 Lagen fettabweisendem Papier mit einer Teigrolle auf gleichmäßige Stärke ausrollen.

2 Mit Salz und Pfeffer würzen und dünn mit Öl bestreichen. Unter dem vorgeheizten Grill 6–10 Minuten grillen.

3 In einer Pfanne das übrige Öl erhitzen und darin Champignons und Zwiebeln 5 Minuten andünsten. Wein, Brühe und Tomatenpüree zugeben und 3–4 Minuten köcheln lassen, bis die Flüssigkeit leicht andickt. Geräucherte Austern zufügen.

4 Soße über die Steaks geben. Mit Brunnenkresse garnieren.

300 g Rinderfilet (in 2 Steaks geschnitten)

Salz und Pfeffer

1 Eßlöffel Soja- oder Sonnenblumenöl

75 g junge Champignons (in feine Scheiben geschnitten)

50 g Zwiebeln (in feine Scheiben geschnitten)

25 ml Rotwein

25 ml Rinder- oder Hühnerbrühe

1 Eßlöffel Tomatenpüree

50 g geräucherte Austern aus der Dose (abgetropft)

Brunnenkresse, zum Garnieren

2 Portionen

Vorbereitungszeit: ca. 15 Minuten

Garzeit: 15–20 Minuten

roghan ghosht

1 2 Eßlöffel Öl in einem großen Topf erhitzen und darin 1 Zwiebel goldbraun dünsten. Lammfleisch und 175 g Joghurt zufügen, gut durchrühren, den Deckel auflegen und 20 Minuten köcheln.

2 Knoblauch, Ingwer, Chilischoten, Koriander- und Kreuzkümmelsamen, Minze, frischen Koriander und 2–3 Eßlöffel Joghurt im Mixer zu einer Gewürzcreme verarbeiten.

3 Übriges Öl in einem großen Topf erhitzen, Kardamom, Gewürznelken und Zimt zufügen und 1 Minute unter Rühren rasch anrösten. 1 Zwiebel und Gewürzcreme zugeben und 5 Minuten braten, dabei fortwährend rühren. Lammfleisch und Joghurtmischung zugeben, nach Geschmack würzen, gut durchrühren und zum Köcheln bringen. Den Deckel auflegen und 30 Minuten köcheln.

4 Mandeln zufügen und weitere 15 Minuten kochen, bis das Fleisch gar ist. Vor dem Servieren die unzerkleinerten Gewürze herausnehmen. Mit Röstzwiebeln und Zitronenscheiben garniert servieren.

4 Eßlöffel Öl

2 Zwiebeln (fein gehackt)

750 g Lammkeule (ohne Knochen, in Würfel geschnitten)

300 g Naturjoghurt

2 Knoblauchzehen

1 Stück frischer Ingwer (2,5 cm lang, geschält und grob gehackt)

2 grüne Chilischoten (entkernt)

1 Eßlöffel Koriandersamen

1 Teelöffel Kreuzkümmelsamen

1 Teelöffel gehackte Minzeblätter

1 Teelöffel gehackter Koriander

6 Kardamomkapseln (gepreßt)

6 Gewürznelken

1 Stück Zimtstange (2,5 cm lang)

Salz und Pfeffer

125 g Mandelblättchen

geröstete Zwiebelringe, Zitronenscheiben, zum Garnieren

4 Portionen
Vorbereitungszeit: ca. 20 Minuten
Garzeit: ca. 1¼ Stunden

ingwerkuchen •

tarte tatin •

champagner-sommerbeeren •

schokoladen-zimt-brot mit pudding •

schokotrüffel •

schokoladen-orangen-rolle •

gefrorenes mit schokochips •

exotischer fruchtcocktail •

zitronen-tarte •

rote früchte mit sahneherzen •

desserts

ingwerkuchen

1 Eine Kuchenform mit 18 cm Durchmesser mit Backpapier auslegen und einfetten. Mehl und Backpulver mischen. Fett mit Zucker schaumig schlagen. Eier einzeln unterschlagen, bei den beiden letzten jeweils 1 Eßlöffel Mehl zugeben. Übriges Mehl und gemahlenen Ingwer sieben und unterrühren. Kandierten Ingwer mit Sirup zufügen und den Teig in die vorbereitete Form füllen.

2 Im vorgeheizten Backofen 1–1½ Stunden bei 180 Grad backen. Auf einem Gitterrost abkühlen lassen.

3 Für die Glasur den Puderzucker mit dem Sirup zu einer glatten Creme aufschlagen, den Kuchen damit überziehen und fest werden lassen. Mit Ingwerstreifen verzieren.

250 g Mehl

9 g Backpulver

175 g Butter oder Margarine (und etwas für die Form)

175 g Zucker

3 Eier

½ Teelöffel gemahlener Ingwer

75 g kandierter Ingwer (gehackt)

2 Eßlöffel Ingwersirup

Ingwerglasur:

175 Puderzucker (gesiebt)

2 Eßlöffel Ingwersirup

kandierte Ingwerstreifen, zum Garnieren

Vorbereitungszeit: ca. 15 Minuten	
Backzeit: 1–1½ Stunden	

tarte tatin

1 Mehl mit gewürfelter Butter in eine Schüssel geben und mit den Fingern verkneten, bis die Mischung aussieht wie feine Brotkrumen. Zucker, Eigelb und ausreichend Wasser (ca. 2–3 Eßlöffel) zugeben, damit der Teig fest und glatt wird.

2 Für den Apfelbelag Butter und Zucker in einer feuerfesten Backform mit 20 cm Durchmesser schmelzen. Wenn die Mischung goldgelb ist, Äpfel zugeben und schwenken, damit sich der Sirup gleichmäßig verteilt. Ein paar Minuten kochen, bis die Äpfel zu karamelisieren beginnen.

3 Den Teig auf einer leicht bemehlten Unterlage kreisrund ausrollen, etwas größer als die Backform. Auf die Äpfel legen und den Teig an den Rändern in die Form einpassen.

4 Im vorgeheizten Ofen bei 200 Grad 35–40 Minuten backen, bis der Teig goldbraun ist. In der Form 5 Minuten abkühlen lassen, einen großen Teller umgekehrt auf die Form legen und die Tarte darauf stürzen. Mit geschlagener Sahne oder Crème fraîche warm servieren.

Teig:

175 g Mehl

75 g kalte Butter (in Würfeln)

25 g Zucker

1 Eigelb

Apfelbelag:

50 g Butter

50 g Zucker

6 Dessertäpfel (z. B. Cox-Orange, geschält, entkernt und in Viertel geschnitten)

Schlagsahne oder Crème fraîche, zum Servieren

4–6 Portionen
Vorbereitungszeit: ca. 20 Minuten
Backzeit: 35–40 Minuten

■ Dieses Rezept hat eine köstliche Variante: Nehmen Sie anstelle der Äpfel 5 reife Birnen und bestreuen sie diese mit 50 g Walnußhälften, bevor Sie den Teig darüber geben. Dann den weiteren Rezeptanweisungen folgen.

champagner-sommerbeeren

1 Beeren in einer Puddingschüssel miteinander vermischen, jeweils die Hälfte Zucker und Zitronensaft zugeben und 10 Minuten beiseite stellen.

2 Übrigen Zucker auf einen großen Teller streuen, 4 Dessertschalen mit den Rändern zuerst in den restlichen Zitronensaft tauchen, überschüssigen Saft abschütteln und dann in Zucker tauchen, so daß sich dekorative Ränder bilden.

3 Puddingschüssel mit den Früchten mit Alufolie abdecken und rundherum dicht verschließen. In einem Dampfkochtopf oder in einem halb mit kochendem Wasser gefüllten Topf die Früchte ca. 3–5 Minuten dämpfen.

4 Beeren vorsichtig in die vorbereiteten Servierschalen füllen, ohne die Dekorränder zu beschädigen. Beim Servieren den gekühlten Champagner über die Früchte gießen und mit Minzeblättchen garnieren. Mandelgebäck dazu reichen.

250 g Erdbeeren (entstielt und halbiert)

250 g Himbeeren

125 rote Johannisbeeren (Stiele und Blüten abgezupft)

125 Blaubeeren

25 g Zucker

4 Eßlöffel Zitronensaft

250 ml Champagner (gekühlt)

Minzezweige, zum Garnieren

Mandelplätzchen, zum Servieren

4 Portionen

Vorbereitungszeit: ca. 15 Minuten

Garzeit: 3–5 Minuten

schokoladen-zimt-brot mit pudding

4 große Scheiben Weißbrot (ohne Kruste)

25 g Butter (leicht erwärmt)

1 Teelöffel gemahlener Zimt

40 g Zucker

3 Eier

600 ml Milch

1 Teelöffel Instant-Kaffee

75 g Vollmilchschokolade (gerieben)

2 Portionen
Vorbereitungszeit: ca. 10 Minuten, plus 30 Minuten Marinierzeit
Backzeit: 1¼–1½ Stunden

1 Brotscheiben buttern, mit Zimt bestreuen und jede Scheibe in 4 Dreiecke schneiden.

2 Zucker und Eier in einer Schüssel miteinander verquirlen. Milch mit Kaffeepulver und der Hälfte der Schokolade leicht erwärmen. Mit dem Schneebesen gut verrühren und über die Eier gießen. Alles gründlich vermischen.

3 Brotstücke in eine gefettete Auflaufform legen und die Puddingcreme darüber gießen. Mindestens 30 Minuten durchziehen lassen.

4 Die Form in einen Wasserbadtopf stellen, ca. 900 ml Wasser aufgießen und im vorgeheizten Backofen bei 180 Grad ca. 1¼–1½ Stunden backen, bis der Pudding fest ist. Ungefähr 10 Minuten vor Ende der Backzeit die übrige Schokolade über den Pudding streuen.

schoko-trüffel

3 Eßlöffel Sahne

325 g Vollmilchschokolade (zerkleinert)

½–1 Eßlöffel Whisky oder Weinbrand

2 Eßlöffel Kakaopulver, zum Garnieren

Ergibt 10 Trüffel
Vorbereitungszeit: ca. 40 Minuten, plus ca. 20 Minuten Kühlzeit

1 Sahne langsam auf lauwarme Temperatur erhitzen. 125 g der Schokoladenstücke in eine kleine Schüssel geben und in einem heißen, aber nicht kochenden Wasserbad schmelzen, dabei gelegentlich umrühren. Vom Herd nehmen, die Schüssel aus dem Wasserbad nehmen und die Sahne vollständig in die Schokolade rühren.

2 Die Mischung etwas abkühlen lassen und Whisky oder Weinbrand zufügen. 3–4 Minuten verquirlen, bis die Masse beim Rühren Spitzen bildet. Ca. 20 Minuten im Kühlschrank abkühlen.

3 Kakaopulver auf eine Platte sieben. Löffelgroße Mengen der Trüffelcreme zu Kugeln von ca. 2,5 cm Durchmesser formen und in dem Kakao wälzen. Vollständig auskühlen und fest werden lassen.

4 Restliche Schokolade über heißem Wasser schmelzen, die Kugeln einzeln auf einen Spieß stecken, in die flüssige Schokolade tauchen und damit überziehen. Trüffel auf einer Marmorplatte oder Folie abkühlen lassen. Vor dem Servieren mit Kakaopulver bestäuben.

schokoladen-orangen-rolle

1 Eigelb und Zucker in einer Rührschüssel zu einer cremigen Masse verrühren. Kakaopulver darüber sieben und unterrühren. In einer zweiten Schüssel Eiweiß steif schlagen und vorsichtig unter die Schokomasse heben.

2 Eine 30 x 20 x 5 cm große Form mit Backpapier auskleiden und einfetten. Die Masse in die Form füllen und die Oberfläche glattstreichen. Im vorgeheizten Ofen bei 180 Grad ca. 25–30 Minuten backen, bis die Masse fest ist. Aus dem Ofen nehmen und nach 5 Minuten mit einem feuchten Küchentuch abdecken und vollständig abkühlen lassen.

3 Puderzucker auf ein großes Stück Backpapier sieben. Den Kuchen auf das Papier stürzen und das Backpapier von der Unterseite abziehen.

4 Sahne in einer Rührschüssel steif schlagen. Frischkäse, Puderzucker, Orangenschale und Likör zufügen und vorsichtig unterheben. Die Füllung über das Biskuit verteilen und mit Hilfe des Backpapiers aufrollen. Das Reißen des Teiges beim Aufrollen ist völlig normal. Die Rolle auf eine Servierplatte legen und mit Puderzucker bestreuen. Möglichst innerhalb von 2 Stunden servieren.

4 Eier (getrennt)

175 g Zucker

40 g Kakaopulver

Puderzucker (gesiebt)

Füllung:

150 ml Sahne

150 g Frischkäse natur

2 Eßlöffel Puderzucker (gesiebt)

fein geriebene Schale von 1 unbehandelten Orange

1 Eßlöffel Orangenlikör

6–8 Portionen

Vorbereitungszeit: ca. 30 Minuten, plus 30 Minuten Abkühlzeit

Backzeit: 25–30 Minuten

gefrorenes mit schokochips

1 Sahne mit Zucker schlagen, bis sie an den Quirlen hängend die Form behält. In einen geeigneten Gefrierbehälter umfüllen, in dem sie sich durchrühren läßt. 30 Minuten anfrieren, durchrühren und weitere 30 Minuten gefrieren.

2 In der Zwischenzeit Brotkrumen auf einer Grillpfanne verteilen und mit Zucker bestreuen. Unter den vorgeheizten Grill legen, bis der Zucker karamelisiert. Gut wenden, damit eine gleichmäßige Bräunung erzielt wird. Abkühlen lassen.

3 Brotkrumen eventuell zerstoßen, um Klumpen aufzulösen. Mit Haselnüssen vermischen.

4 Das Eis aus der Tiefkühltruhe nehmen und durchrühren. Zuerst Brotkrumen-Nuß-Mischung, dann gehackte Schokolade gut unterrühren und im Tiefkühlgerät weitere 2 Stunden gefrieren. Eis, das bereits 24 Stunden oder länger gefroren war, sollte vor dem Servieren 1 Stunde angetaut werden.

600 ml Sahne

1 Eßlöffel Zucker

125 g frische dunkle Brotkrumen

75 g brauner Zucker

50 g Haselnüsse (gehackt und geröstet)

125 g Zartbitter- oder Vollmilchschokolade (grob gehackt)

Ergibt 600 ml Eis

Vorbereitungszeit: ca. 20 Minuten, plus ca. 3 Stunden Kühlzeit

■ Schalten Sie das Tiefkühlgerät vor Beginn der Zubereitung auf die Schnellgefrierstufe und denken Sie daran, es danach wieder auf Normalbetrieb zu stellen.

exotischer fruchtcocktail

1 kleine Ananas

1 Passionsfrucht

1 Kiwi (geschält und in Scheiben geschnitten)

1 Mango (entsteint, geschält und in Scheiben geschnitten)

3 Eßlöffel Kirschwasser

Naturjoghurt oder flüssige Sahne, zum Servieren

2 Portionen
Vorbereitungszeit: ca. 30 Minuten, plus 20 Minuten Kühlzeit

1 Oberen Teil der Ananas abschneiden, ein paar Blätter abzupfen und beiseite legen. Ananas halbieren und das Fruchtfleisch mit einem Löffel herauslösen. Den Strunk entfernen und das Fruchtfleisch in mundgerechte Stücke schneiden.

2 Passionsfrucht halbieren und das Fruchtfleisch mit einem Löffel herauslösen.

3 Obstsorten in einer Schüssel mit Kirschwasser vermischen, in die Ananashälften umfüllen und kühl stellen.

4 Mit den Ananasblättern garnieren und mit Joghurt oder Sahne servieren.

■ Unreife Kiwis werden schneller reif, wenn Sie sie zusammen mit einem reifen Apfel oder einer reifen Birne in einen Kunststoffbeutel legen.

zitronen-tarte

250 g Mehl

1 Prise Salz

125 g Butter, 1 Eigelb

Füllung:

geriebene Schale und Saft von 3 unbehandelten Zitronen

75 g Zucker

2 Eier, plus 1 Eiweiß

75 ml Sahne

125 Mandeln (gemahlen)

1 gute Prise gemahlener Zimt

Mehl für die Arbeitsfläche

Guß:

2 unbehandelte Zitronen (in feine Scheiben geschnitten)

125 g Zucker

6–8 Portionen
Vorbereitungszeit: ca. 15 Minuten, plus ca. 40 Minuten Kühlzeit
Backzeit: ca. 20 Minuten

1 Für den Teig Mehl und Salz in eine Schüssel sieben. Butter zugeben und mit dem Mehl zu einem krümeligen Teig verkneten. Eigelb und genügend Eiswasser (2–3 Eßlöffel) zugeben, so daß der Teig weich und geschmeidig wird. 30 Minuten im Kühlschrank abkühlen.

2 Für die Füllung Zitronenschale, Saft und Zucker in eine Rührschüssel geben, Eier und Eiweiß zufügen und die Zutaten gründlich miteinander verrühren. Sahne, Mandeln und Zimt einrühren. Die Masse sollte cremig werden.

3 Den Teig auf einer leicht bemehlten Fläche ausrollen und eine flache Springform mit 25 cm Durchmesser damit auslegen. Den Teigboden mehrmals mit einer Gabel einstechen und die Füllung darauf geben. Im vorgeheizten Ofen bei 190 Grad ca. 20 Minuten backen, bis die Füllung fest und der Kuchen goldbraun ist.

4 Zitronenscheiben in einem Topf mit wenig Wasser bei schwacher Hitze ca. 10 Minuten erhitzen, bis sie weich sind. Die Scheiben herausnehmen, abtropfen lassen. Ca. 75 ml der Kochflüssigkeit aufheben, Zucker zugeben und bei schwacher Hitze unter Rühren auflösen. Aufkochen, Zitronenscheiben zufügen und kräftig kochen, bis sich ein dicker Sirup bildet. Vom Herd nehmen und den Kuchen damit verzieren. Den fertigen Kuchen auskühlen lassen und servieren.

rote früchte mit sahneherzen

1 Für die Sahneherzen 1 Eßlöffel heißes Wasser in eine Schüssel geben, Gelatine darüber streuen, gut verrühren und die Schüssel in heißes Wasser stellen, damit sich das Pulver auflöst.

2 Hüttenkäse, Joghurt und Sahne miteinander verrühren, die aufgelöste Gelatine einrühren und die Masse in 2 herzförmige Formen füllen. Über Nacht stehen lassen.

3 Die Hälfte der Himbeeren in der Küchenmaschine pürieren und durch ein Sieb drücken. Bei geringer Hitze Honig in das Püree rühren. Übrige Beeren und Kirschen zugeben und 2–3 Minuten köcheln lassen. Abkühlen lassen und mindestens 1 Stunde in den Kühlschrank stellen.

4 Die Herzen vorsichtig aus den Formen stürzen und mit 1 Prise Muskat garnieren. Den Obstsalat um die Herzen herum anrichten und servieren.

Sahneherzen:

1 Teelöffel Gelatinepulver

175 g Hüttenkäse (durch ein Sieb gedrückt)

75 mg Naturjoghurt

2 Eßlöffel Sahne

geriebene Muskatnuß

375 g Himbeeren

2 Eßlöffel flüssiger Honig

125 g Kirschen (entsteint)

125 g schwarze Johannisbeeren (von den Rispen gezupft)

2 Portionen

Vorbereitungszeit: ca. 30 Minuten, plus Abtropf- und Kühlzeit (über Nacht)

Garzeit: ca. 5 Minuten

register

Artischocken mit Knoblauch-Kräuter-Mayonnaise 27
Austern im Teigmantel 22
Austern in Sahnesoße 18
Avocado mit Parmaschinken 12

Birnen in Parmaschinken 17
Burgunder-Gulasch 74

Camembert mit Preiselbeeren 57
Champagner-Sommerbeeren 86
Coq au vin 73

Ente mit Feigen in Portwein 70
Ente mit Orangen 64
Exotischer Fruchtcocktail 93

Fasan mit Marsala & Eßkastanien 65
Filetsteak mit Austern 80
Flambierter Fasan mit Calvados 71
Forelle mit Mandeln 38

Garnelen-Suppe nach Thai-Art 25
Gebratener Lachs mit Tomatensoße 33
Gedünstetes Fisch-Curry nach Thai-Art 45
Gefrorenes mit Schokochips 91
Gefüllter Hummer19
Gemischte Gemüse der Saison 54
Gemüsemix in malaysischer Kokos-soße 48
Gemüseterrine 56

Hähnchen mit Artischocken 66
Hähnchen Tandoori 67
Hähnchen Vindaloo 68
Hummer Thermidor 37
Hummer-Spargel-Salat 34

Ingwerkuchen 84

Klassische Paella 31
Krabben-Päckchen 26
Krebs-Spargel-Suppe mit Zitrone 20

Lachs mit drei Soßen 44
Lamm-Aprikosen-Topf 76
Lammnüßchen mit Granatapfel 77

Marinierter Lachs 16
Mayonnaise 9
Mediterraner Gemüsesalat 51
Muscheln in Weißweinsoße 32

Pastete aus Räucherlachs 23
Perlhuhn mit Pilzen & Gnocchi 63
Pilze im Knusperbett 55
Pilzragout in Blätterteig 15
Pilzsalat mit Croûtons 59
Porreeterrine mit Walnüssen & Fetakäse 53

Rindfleischsalat mit neuen Kartoffeln 75
Risotto mit Meeresfrüchten 41
Rochen in Orangen-Cidre-Soße 39
Roghan Ghosht 81
Rote Früchte mit Sahneherzen 95

Schokoladen-Orangen-Rolle 90
Schokoladen-Zimt-Brot mit Pudding 88
Schokotrüffel 89
Seeteufel- & Gemüsepäckchen mit Safransoße 36
Seezunge à la Normandie 43
Seezunge Bonne Femme 42
Spinat-Champignon-Roulade 50

Tagliatelle in Steinpilzsoße 58
Tarte Tatin 85
Tournedos en croûte 78

Wachteleier-Törtchen 14
Würzige Auberginen mit Tomaten 52

Zitronen-Tarte 94